新史记

历史只是长了一张故事脸

王清淮 著

人民东方出版传媒
東方出版社

图书在版编目（CIP）数据

新史记：历史只是长了一张故事脸 / 王清淮 著 . — 北京：东方出版社，2020.3
ISBN 978-7-5207-1295-8

Ⅰ. ①新… Ⅱ. ①王… Ⅲ. ①中国历史—通俗读物 Ⅳ. ① K209

中国版本图书馆 CIP 数据核字（2019）第 288777 号

新史记：历史只是长了一张故事脸
（XIN SHIJI：LISHI ZHISHI ZHANG LE YIZHANG GUSHI LIAN）

作　　者：王清淮
策　　划：陈　卓
责任编辑：张永俊
责任审校：金学勇
出　　版：东方出版社
发　　行：人民东方出版传媒有限公司
地　　址：北京市朝阳区西坝河北里 51 号
邮　　编：100028
印　　刷：万卷书坊印刷（天津）有限公司
版　　次：2020 年 3 月第 1 版
印　　次：2020 年 3 月第 1 次印刷
开　　本：650 毫米 ×960 毫米　1/16
印　　张：23.5
字　　数：320 千字
书　　号：ISBN 978-7-5207-1295-8
定　　价：49.00 元
发行电话：（010）85924663　85924644　85924641

自序

一

表述历史有两种形式，一是考证，二是演绎。考证求实事，演绎求新奇。求实，敬畏历史，尊重典籍。求新，却是让历史从典籍中走出来，复现历史人物和历史事件，比如“演义”。但演义往往太过，写书人写得手滑，收不住了，到后来只剩下人名是真的，各人名下的事情，起古人于地下问他，他都糊涂。北宋与外敌的战争频繁，战争规模庞大，但是在多数中国人的印象里，北宋的敌人就是辽和西凉，抵抗外敌入侵的国家柱石只有“杨家将”，杨家将被迫害，男丁凋零，十二个寡妇统率三军打败辽国还有西凉国。杨家这些寡妇们本来也可以保大宋江山永固的，里通外国的潘仁美（潘美）从中作梗，总是制造事端，导致宋军节节败退。于是，潘杨两家世仇，成北宋政治主线。

潘美，北宋军界响当当的头号大咖，地位一直很稳固，生前显赫，死后封谥。而被“演义”捧成神明的“金刀令公”杨业，原是北汉的一个将军，汉亡降宋，得潘美提携，才成为军界重要人物。至于“七郎八虎”，却出于演义作家的黑社会妄想，不必说事情，连名字都不真了。杨业的儿子倒是有六个，仅杨延昭一人继承父业，有军功，其余五个，不能打仗，只会打架。黑社会妄想还不够，还要加上荒唐。小伙子潘豹好好地走路，“杨七郎”一通拳脚，把人打死了，过后八贤王出面，三言两语摆平，说潘龙潘虎潘豹黑社会，打死就打死了吧。潘仁美哭哭啼啼把儿子下葬。受黑社会欺负的明明是潘家啊，就因为“杨七郎”姓杨，天生就正确？

与潘杨黑历史相仿的还有《君臣斗》，纪晓岚成天跟和珅斗嘴，乾隆皇帝还在旁边煽风点火。历史上的纪晓岚虽然也是朝官，但他跟和珅，别说斗嘴，连对话的机会都没有，两个人的地位悬殊。不过这本书有言在先：《君臣斗》，“君臣逗”，逗你玩的，叫你别当真。可是“潘杨斗”却人人当真，影响得开封的官府也当真。“龙亭”前两爿湖，称“潘杨湖”，据说杨湖清潘湖浊，为了维护它们的清与浊，官家指派两伙人，“杨湖”的划着小船往外捞垃圾，“潘湖”的划着小船往里倒垃圾。

《新史记》既不考证，也不演绎，只负责“复述”历史。复述的原则是尽可能地复原，尊重历史典籍，展现一部“信史”。每一人物，每一事件，都遵照正史，不增不减。“皇上，您的政策不咋样。”站出来！这话谁说的？没有史书根据，这叫增减历史。“皇上，您这件龙袍做工不错。”不能肯定没有人说过这句话，但说过跟没说过都一样，雨过地皮都不湿，因为它不重要。总之，相如闲处逞文笔，吕端大事不糊涂。

二

既然称作“新史记”，总要有点新气象，本书的新气象就是填充历史事件中的空白地带。

关于“填充”问题，史书这种空白很多，它们是了解和研究历史的障碍。比如项羽准备发兵消灭沛公军，项伯私自向张良通报军情，这在军事上是严重的泄密行为，应该军法从事的，可是项伯不但大摇大摆到沛公军营，回来还向项羽汇报。项羽不但不怪罪，反而根据项伯的提议，取消进攻，在自己的驻地设宴招待前来会谈的沛公。本书填充的内容是：项羽和项伯认为，沛公来楚军的营地，就等于降格承认自己是项羽的部下，从而自动否定从前在怀王帐前“先入关为王”的约定，在项羽，这叫不战而屈人之兵，何乐不为？司马迁没有在《史记》中写这一点，是因为这个道理那么简单，不需要在文中絮絮地交代，但今人理解就可能有困难，本书的填充相当于搭设一个跳板，便于读者顺利读懂读通“鸿门宴”。项庄刺沛公，为什么久久不下手？是因为有项伯伴舞，而项庄不知道项伯伴舞的用意，以为范增的计划有变，不杀刘邦了，可是又不能确定，所以两个人舞剑才那么久，最后乐队都累瘫了，张良才可以从容地布置樊哙闯营。项王赐予樊哙生彘肩，就是“猪肘子”，樊哙不是生番，为什么要给他吃生肘子呢，这是人们很难理解的问题。史书不是小说，它只记载大事，不会不惮烦描述细节，项羽要给樊哙“好吃的”，军中最好吃的也就是猪肘子，可是宴会开那么久，酒菜都上完了，厨房只有开水刚焯过一遍的肘子，看似熟了，其实全生。这么复述“鸿门宴”，根本上不违背原文，又使事件的衔接和过渡变得圆润。

更早的历史细节尤其需要填充。炎帝发明农业播种，黄帝发明多快好省的“车”，这般大事情，历史记载却极为简略，简略到几乎没有记载，靠猜。关于车的发明，人们只能根据黄帝姓“轩辕”推测是他发明了车。这件事情太重要，人们很关心黄帝的研究过程。车是几种矛盾纠合并解决的成果，它们的解决得益于黄帝的聪明才智，黄帝在他“设计研究院”的木头墩子上“矛盾啊”这一感慨，我很愉快地代替他老人家发出，我想这大概算不得僭越。

三

本书的记述范围，从上古到秦帝国，即“夏商周秦史”。体例仿照《史记》，设“王者列传”“侯者列传”“能者列传”“贤者列传”“智者列传”“将帅列传”“刺客列传”“滑稽列传”，最后是“乱臣列传”，共九卷。

“王者列传”的“王者”是总名，包括上古的部落酋长、夏商的帝、周的王及秦的皇帝，项羽是特例。项王并没有正式登基加冕，不是“王者”，他列入“王者列传”，根据《史记》。《史记》中项羽在“本纪”，自是一代帝王，项羽作为秦帝国的终结者，应该享有王者称誉。陈涉的地位和作用跟项羽相当，比项羽更早反秦，陈涉重新设立六国，此功应在不朽，比照项羽，他也应在“王者列传”，可是，陈涉的“王侯将相宁有种乎”，我这种胸无大志的人听了有些刺耳，索性当一回鸵鸟，屏蔽他。那些“胸有大志”的人，是什么志，有没有极限？志到最大就是“草莽成皇帝”了，而陈涉恰恰开了一个不好的头。在他之后，“胸有大志”的人实在太多。

“侯者列传”，是先秦诸侯王的传记，在写“赵武灵王”时我突然也有点手滑的感觉，好在很快就收住，书中仍然是一位真实的赵武灵王。我是说筷子，以及“汉餐”和“胡餐”。据考证，筷子出现在战国时期，这考证有旁证，至少，春秋时期还没有筷子，陈国的公子宋受到羞辱，伸出手指在煮肉的鼎里狠狠地沾了一下，然后舔着指头说：“看我吃到没吃到！”他的本意是捞一块肉，但那很困难，就沾一点汤，如果有筷子，他就不会拿指头冒险。赵武灵王取消案式的汉餐，改为围桌式的胡餐，这确是我的“发明”。赵武灵王推广桌餐，当时轰轰烈烈，其实并没有普及全国。元入主华夏，桌餐才最后成为定制，案餐退出历史，但人们在《韩熙载夜宴图》中还能领略案餐奢华式的文明。

“能者列传”“贤者列传”“智者列传”，传统说法，这三传的人物大多很正面。他们在各自的领域都是佼佼者，他们的事与功影响深远，中华民族总要有许多这样的拔萃人物，比如郑国。都江堰无坝引水工程世人叫绝，这样一座完全不妨碍生态又使效益最大化的工程拥有许多“不可思议”，但它其实是无奈之举，因为当时还不具备建造拦河大坝的能力，拦河坝的技术指标一向掌握在上帝的手里。但是韩国的水利工程师郑国，在公元前三世纪为秦国建造了宏伟的拦河坝，秦王有理由认定郑国是天神下凡。

能者不一定就是贤者，比如商鞅。他写的《商君书》集权术阴谋之大成，读其书，想见其为人，不寒而栗。愚民、弱民、疲民、辱民、贫民五术，五术之上还有“最后解决”：杀民。政治堕落到商鞅的思想水平，商鞅的思想倒退到奴隶时代。但是秦国却赖商鞅得以振兴。历史有许多未解之谜，商鞅“恶术强秦”算一个。

“将帅列传”列举了九位将军，他们的大多数都够“战神”的级别，成为“神”的根据，是他们杀人太多。杀人最多的白起，死在他手里的敌方将士和战俘达百万，一将功成万骨枯。白起屠人，王翦则灭国，山东六国，五国亡于王翦的指挥刀下。说这些将军“大多数”够战神，意思是有人不够，比如赵括。长平战败，导致赵国衰落，历史上人们说到赵括，就讥笑他“纸上谈兵”，但赵括的战败仅有这一次。其实，他不但会谈兵，更会用兵，麦丘之战，不损一兵一卒而完胜守城之敌，“马服君”二世绝非虚受俸禄。阏与之战，赵奢经常得意地向人讲这个辉煌战例，赵括却说，我要指挥救阏与，不会在武安停留二十八天，太过，八天就足以迷惑敌人。赵奢口不服但心服，他后怕，如果这二十八天内阏与被秦军攻破，赵奢就是贪生怕死的历史罪人，哪里还会有什么“马服君”？长平之败，只能说，赵括的运气实在太差。

“刺客列传”中的刺客们也动刀动枪，但我相信人们读这一卷会很开心，第一，死人很少，一个，最多两个；第二，杀和被杀都有前因后果，他们的死都是定向的，温婉地说叫“私人定制”，直接说叫“定点清除”。刺客的行为与“恐怖”截然不同，恐怖主义的暴力行为无差别，主要威胁妇女和儿童，本质上是弱者对更弱者实行大屠杀，以期引起强者的注意。刺客则是弱者对强者的个体对决，所以刺客还会引起人们的尊敬和仰慕，比如司马迁。但刺客也不可一概而论，要离为了出名刺杀庆忌，就血腥，因为把无辜的妇女儿童拉进死亡阵营。他为了取得庆忌的信任，先杀死自己的老婆和儿子。儿子兴高采烈吃完盖浇饭，又给老爸后背抓了一会儿痒，门外的士兵早就等候得不耐烦，冲进来抓起娘俩就走，老婆喊道："孩他爹，这是为啥呀？"儿子喊道："爸爸，你不要我了？"要离不说也不动，眼睛直视前方，一副圣徒的模样。一会儿，士兵送来妻子的一缕头发和儿子的一只小手。写到这里，我的心也在抖，为啥呀，就为了出名？这个刺客，我很不喜欢。

"滑稽列传"，是我特意向鲁迅先生《故事新编》致敬的，此前《刺客列传》荆轲在易水岸边高歌，歌词也在模仿《铸剑》。《战争游戏》写得有点"煽情"，有美化战争的嫌疑。不过，上古战争大致都是这样的，讲规则，尚正义。战争本来是最不正义的事情，古人却要把它搞得像做游戏似的很正义。顾拜旦看了《左传》拍案称奇，虽然此事于史无征，但古代奥林匹克运动会模仿更古代的战争，却是学者的共识。

"乱臣列传"中人物的职能是作乱，有的作乱者是神话人物，比如共工。因为共工离今人太远，他撞倒不周山这事，听上去也不那么可怕了。但有的"乱人"专供人切齿，比如苏秦和郭开。郭开死于往秦国赴任途中，而且拦路强盗是李牧的家臣，虽然这是司马迁在主观设置亮点，今人读来仍然会长长地舒一口气。

"乱人"中还有伍员。我在另外一本书中写到这位曾鞭尸楚平王三百鞭的吴国将军，说伍子胥和他的哥哥伍尚都是黑社会，他们的老爸国防部长伍奢是保护伞。这些话引起伍氏族人的愤怒，他们聚集起来，准备集体起诉我。后来他们觉得这么大的一个家族，起诉一个名不见经传的王某，杀鸡就别用牛刀了吧。虽然没有起诉，我在这里还是要向伍子胥和伍氏族人郑重道歉。史书记载，伍奢伍尚父子被害，伍员出逃吴国，这些过节与黑社会没关系，"楚王无道杀伍奢，倾巢之下无完家"。但伍员出逃，一路杀人，却黑得令人发指，因为那三个都是他的恩人，危难之际救助了他，他转眼就把人给杀死了，啥人哪这是！

四

这本书是《新史记》的第二部，第一部2013年出版，史仲文先生力荐，得跻身北方工业大学“新人文丛书”。工大年轻的副校长罗学科传话给我，说这本书有点意思，他每天睡觉前都看一两篇。一次偶然的机会，我荣幸拜会罗校长，他先是一愣，一句话冲口而出：“原来是个老头儿啊！”我很惊喜，居然享受到了刘半农教授一样的评价。之后，他对史仲文先生抱怨说：“这本书，真的是王老师写的吗？”他觉得我本人与书的反差太大，木讷呆板，话题枯燥，聊着聊着就会睡着。

此后不久，我接到一个电话，自报姓名“张绍刚”，我自是十分惊喜。他说《新史记》是难得的好书，很有“逢人说项”的意思，无论如何要见我，还说是“慕名”。这话说颠倒了不是？是我慕名还来不及。在我校“诗梳风”茶馆，他见我的第一句话是：“王老师这么年轻！《新史记》文笔老到，我还以为是个老头儿呢。”

一个说我老，一个说我年轻，但他们对我的评价一致：无趣。张绍刚自信满满，要和我合作一套节目，经过几次研究讨论，他决定放弃：“还是我自己来吧！”

他们说我这人“无趣”，我真心很高兴，因为人们评价王小波其人也是单调乏味特别无趣的。王小波的座右铭是“有趣”，结果得到的“职称”却是“无趣”，想想这事，我就很开心。

开心，不仅因为我终于与王小波有了共同点，还因为借此无趣，与古人也攀上了性格上的亲戚。大文豪司马相如害怕说话，因为他口吃，口吃的人很难有趣，除非伶人供人嘲笑，长卿却是西汉文坛首席。扬雄也是成都人，传染了同乡前辈的文采，更传染了前辈的口吃，也是个无趣的家伙。左思，不但口吃，还“貌侵”，丑到极点的那种，与韩非有一拼。李白不口吃不貌侵，但人家说东他说西，云山雾罩的总没有主题。宗教徒饭前祈祷：“感谢上帝赐给我们早餐。”那是感恩。杜甫吃一口饭，要给皇帝留半口，他的“每饭不忘君”，不是感恩这么简单，他宁可自己饿死，也要让皇帝吃饱。一个连房子都没得住的半大老头，每天宣讲忠君爱君“正能量”……

我这样拉名人、古人为自己站台，读者会认为我厚颜无耻。其实我要想攀附权贵，还有更直接、更坚固的阶梯：我是个左撇子，中国的大文豪，从屈原到曹雪芹，都是左撇子——我低调，我没说。

目录

王者列传

侯者列传

能者列传

贤者列传

智者列传

将帅列传

刺客列传

滑稽列传

乱臣列传

王者列传

盘古·托举

那时候，没有天地，没有人民，甚至也没有“那时候”，因为连时间都没有，这种状态叫“混沌”。这混沌，既是个东西（物质），也不是个东西，处于物质和非物质之间，临界状态。

临界状态向“有”的一面转化即物质化，凝聚为一个物质的球体，形状好像一个巨大的蛋。这样不知道过了几世几劫，大蛋裂开一个口子，口子逐渐扩大，“蛋壳”破碎，壳里面的两种物质释放出来。两种物质，一种清清的而且轻轻的，那是气体；一种浊浊的而且重重的，那是固体。轻轻的气体往上飘，凝结成蓝天；重重的固体往下沉，积淀成土地。现在的物质是真的“物质”了，不再是恍恍惚惚混混沌沌的“拟物质”。物质在持续地变化，球形物积存的物质密度极高，一旦释放，它们迅速膨胀，生长，填塞无际的空间。

这个蛋形的大球，除了释放一轻一重两种物质，更关键的，里面还有一个头脑躯干四肢健全完整的“人”，他就是“盘古”。

盘古是一个坚强伟岸的男性，他从这个巨大得没有边际的“蛋”中产生，出生的盘古面临一个严峻的情况，他即将遭遇灭顶之灾：天每天都在长厚，清清、轻轻的天厚起来，也是巨大重量，所以人们叫它“青石板”，青石板往下压；地每天都要长厚，也要往上挤，上面压下面挤，空间越来越小，最后天和地挤在一起，搅拌均匀，恢复成一个大蛋，然后，再度陷入混沌。这片混沌，这个巨大的球体，可能反反复复地经历了无数次这个过程。

但是现在不同了，现在有了盘古。

盘古作出了最伟大的选择：他举起了双手——于是，时间开始了！

盘古的双手高举，托举着厚重的天。他手上的天和脚下的地还在长，天每天长高一丈，地每天增厚一丈，增长产生强大的压力，向天地之间的盘古挤压着。为了抵消天地之间的压迫，盘古自己每天也生长一丈。盘古长的是骨骼筋肉血脉，它们蕴含着强大的力量，强大的盘古每天都在变得更强大，每天，每年，每百年，每千年……

盘古手托蓝天，脚踏黄土地，顶天立地，每天长高的身躯也更加伟岸，天地之间，完全由盘古一个人的力量支撑，他像个托举竞技者。竞技者托举着庞大的杠铃，稳住时间长达漫长的三秒，裁判判定举重成功，鸣哨，竞技者扔下杠铃，兴高采烈，又蹦又跳——那个杠铃太沉重，托举的时间太久太久啦！

盘古坚持托举一万八千年——一万八千年，多少个“三秒”！没有裁判，即使有裁判，他也不能叫停，因为天地还不稳定，它们在不停地生长。天地不稳定，盘古的举重就不能算成功，需要等待，时间既然已经开始，那就等时间来裁判吧。竞技者的托举，必须保证杠铃绝对稳定，摇一摇颤一颤，托举就立刻失败。盘古在天地蹿升式生长中踏地举天，没有光亮，没有声音，天地间无边的黑暗和寂静，抵制着天地间厚重而且持续增加的挤压力。

终于，天极高，地极厚，与天地同高的盘古极壮大极强劲，现在，已经没有什么力量能够压垮盘古。他战胜了天，战胜了地，他是天地之间的主宰。

胜者盘古，他的眼睛光芒万丈，照亮天地之间，他呼吸的声音雷霆万钧，呼出的气凝结为云雾，流出的汗珠挥洒成雨露。他久久不动，毛发间生长了寄生虫，这些“寄生虫”有温良和善的马牛羊鸡鸭鹅犬，也有横行霸道的毒蛇猛兽、虎豹狼虫。

盘古一只手敲敲天，蓝天发出青铜般的声音，铮铮作响；跺跺脚，大地沉闷的回声无间断，仿佛发生了大地震，这说明天和地都活了，它们的生命力各自构成独立的体系，而且已经稳定下来，它们再也不会重合在一起。天地之间已经不需要盘古用庞大身躯做支撑了。

假设这场盘古一个人的竞技有裁判——裁判心中默数：三、二、一！然后，一定有清脆的一声哨响宣布：盘古的托举成功！

托举成功！盘古想：我终于可以休息了。

站立了一万八千年的盘古没有兴高采烈，没有奔腾跳跃，他轰然放倒自己顶天立地的身躯，休息在他拼力支撑起的天地之间，休息在广袤无垠的大地上。躺下来的盘古更显得伟岸。但支撑的时间那么久，他很累，他立刻睡着了。

睡着的盘古再也没有醒过来，他死了吗？盘古的确死了，但他的肢体和精神都活着。他的两只眼睛，左眼变成太阳，右眼变成月亮，高高挂在天上。他的胡须变成天上的星辰，点缀着浩瀚的夜空。他的四肢五体，分别成为四极和五岳，他的皮肤肌肉变成泥土，滋养生长草木，他的血液就是奔腾的江河，日夜不息。他的毛发是森林，森林里鸟兽滋生不已，聚散不定。他的牙齿和骨骼化为金属矿藏，供人们采掘提炼，打造成各种各样精良实用的工具，或者精美的装饰品，让人们的生活品质提高，色彩更为绚丽。

盘古用自己的生命滋养着世世代代的人民，人们在盘古留下的土地上劳作，时刻都感受到盘古生命脉搏的跳动。

女娲 · 补天

女娲孤独郁闷，坐在河边，河水静静的，仿佛一爿湖，她在河水中看见了自己的影子，惊讶于自己的美丽。女娲决定自己动手，制造美丽，也制造美丽的欣赏者。世上最美丽的是人，最会欣赏美丽的当然也是人。女娲的郁闷烟消云散，散到九霄之外，她兴奋地来回踱步，她要制造美丽了！

女娲坐在河边大石上，从河里挖出一块泥。河水和泥土，干净纯洁得就像女娲的心。女娲在手里揉捏这块泥，从心到手，充溢着爱意，她要制造的这份美丽，属于她的一部分，分明在制造另一个自己。女娲揉捏得充分，泥土的生性被揉捏成熟性，竟有了灵性，女娲要把这块泥揉捏成自己的形象。女娲看一眼河水里自己的影子，捏一下手里有灵性的土块，土块渐渐地显出头颅、躯干、四肢，最用心思的还是头部，这地方有眼睛和嘴，表情最为丰富，差之毫厘，性情别如霄壤。捏到后来，女娲已经不用再看水里自己的影像，她对自己的面貌了然在心，又在手。另一个“女娲”诞生了，这个女娲是自己的复制，复制的材料原来是泥土。

女娲手里托着“小女娲”，她那么美丽，女娲终于有机会好好地欣赏一下自己了，托着这个小东西，就是托着一个新的生命。忽然，她看见小东西的嘴唇动了动，露出洁白的小牙，女娲更惊喜了，她只造小东西的形，并没有照顾她的内部器官比如牙齿，她想，也许我揉捏泥土的时候，把自己的思绪也揉进去了吧。

“妈妈！”女娲呆住了。是叫她妈妈吗？妈妈是什么？什么是妈妈？从这“小女娲”的声音和表情来看。“妈妈”表达她满心满腹的爱意，血脉相连的自然呼唤。我给她血脉，给她形体，我亲手制作了她，那么，我就是她的妈妈！

女娲大为惊喜：她亲手制作出小东西，并赋予她生命。女娲被巨大的成就感包裹着。她为这世界增添了美的欣赏者——人。一声“妈妈”，女娲坚定地相信，世界需要增添一样形态，这个世界缺少最核心的生命——人。女娲看着小东西，小东西看着女娲，目光清纯，女娲的心都融化了。

女娲放下这个小“人”，她发现自己流泪了，这是从来没有过的，这泪水表达女娲幸福的感动，原来世界上还有“感动”这样的事情。她决定要做更多的人，让他们互相欣赏，相亲相爱。第一个制作的小人身体匀称，有柔和的曲线美，这种美符合宇宙自然曲线的本质，因为女娲就是宇宙间美的最权威的诠释。女娲想，美的本质还有一个分支，就是力，美有力作扶持，美就达到完美。女娲现在要制作一个表现力的小“人”，作美的小人的辅助。

这个力的小人与美的小人外形相仿佛，但要给小人充分的力量，四肢强健而且修长，上身更宽阔厚实，脖子更粗壮，身上的肌肉凸起，脸上棱角分明。美的小人，女娲叫她“女人”；力的小人，女娲叫他“男人”。她俯下身，挖出泥，揉捏，成型，面部造型……她不断地重复这个过程，一个个的小人从她手掌里跳到地上，走进丛林。

女娲从山崖上扯下一段紫藤，紫藤上花叶纷繁，经过女娲的手，藤条也有了灵性。女娲一摆手，紫藤便在泥和水里一翻身，同时也溅出拌着水的泥土来，待“它们”落到地上，就成了“他们”，跟先前做过又走掉的小东西差不多。藤条在女娲的手里拖泥带水地飞舞，泥点也就暴雨似的从藤条上飞溅开来，到后来，“它们”在空中就变成了“他们”，哇哇地啼哭，掉在地上，就满地爬。

突然，天上出现一个大破洞，天外的水从这个破洞倾泻下来，天地之间水相连，地上巨浪滔天。水停止了，人们望着天上的巨大破洞，庆幸还能活下来。可是，还没等人们喘一口气，突然从破洞里喷射出巨大的“火龙”，烈焰从天上下来，冲天又接地，人们远远地躲开，可那么大的火龙，几百里外都把人烤焦了。大地上的人和物被烤得焦煳，破洞却又改成了灌水。这样一会儿水，一会儿火，无情的水火残酷折磨着残余的人。

这场灾难来自天之外，天之外，盘古和女娲都无能为力，他们只能管理天地间这座大房子，天地之外的事情没有谁能知道，也没有谁能管理。盘古早就死了，拯救人类的责任只能由女娲独力承担。

女娲在天开始出现破洞的时候，就在寻求解决的办法：补天。堵上这个破碎的洞，让天的穹庐之下，恢复为一个安乐祥和的人类之家。要补天，首先要知道天的材料，女娲飞上高天，在浩瀚的天际，向着天空的破碎处飞行，人们不知道她飞行了多少时光，这时的宇宙，时间似乎也为女娲停止了，她飞过星辰，星辰向她眨眼睛，它们知道女娲补天的打算，期望她成功，因为它们也难以忍受天外的水火无常；她飞过日月，日月向她点头，它们也希望她成功，在破碎天空的水火夹击下，日月也坚持不下去了，已经摇摇欲坠。女娲飞到天的空洞处，避开水与火，在水火喷发的间隙观察天的构成材料，她发现从前盘古双手撑起的轻而清的东西，经过几万年的凝固，已经变得厚重，敲击时声音清脆嘹亮，分明就是彩色的玉！玉石的色彩不确定，随着天气的变化，色彩转换，构成赤、橙、黄、绿、青、蓝、紫七彩云色。

女娲回到地面，搭建了一座高高的炉台，燃起熊熊的炉火，女娲的炉火用特殊材料，燃烧出特别的高温，能够使普通的土石转变为精粹的玉。女娲一炉一炉地炼玉石，昼夜不息，因为她在破洞的近处看到，那个破洞非常大，需要烧炼非常多的玉石，才能足够补天。

女娲炼玉石，整个天宇都在注视着女娲，女娲高炉的烈火熊熊，和天空破洞处的熊熊烈火展开比赛，天上的水和火似乎觉察到女娲的威胁，想把女娲的炉子浇灭或烧化，但是女娲的高炉极其坚固，“天水”和“天火”对它无可奈何，在天火的疯狂攻击中，女娲完成了补天石的锻炼。

女娲手里的玉石滚烫，她捧着玉石，牢牢地贴住天空的破损处，灼热的玉石融化天石，与天石即原来的天空结为一体，敲一敲，清脆嘹亮，与天的声音一致，没有缝隙，她成功了！她不断地捧着玉石飞上天穹，在天际飞行，掠过日月星辰。

最后一块玉石嵌于最后一处空洞，严丝合缝，水火完全被隔离在天空之外，霎时天空一片湛蓝。日月星辰笑了，山川草木笑了，整个天地之间都是欢笑。

补天之后的女娲，化作一种心情，充溢在天地之间，这心情，就是快乐，就是欢笑，就是布满天际的盈盈笑脸。

伏羲·文化人

女娲的孩子们很快乐，也很简单，说话都是单音节，比如女娲补天去了，女娲的子子孙孙这样说："石，天，补。"但他们的表情，惊讶惊喜，每个人都是表演艺术家，其实他们根本不是表演，他们的心情全部写在脸上，那么伟大的事件，人们连"伟大"这个词都说不出来，因为没有"伟大"这个词。人们偶尔也使用代词和形容词，但没有副词、介词、连词，使用最多的是实实在在的名词、动词。

伏羲的出现，改变了这一切。盘古，创造天地；女娲，制造人类；伏羲，发明了文化。人文之祖，是天地间第三个圣人。

伏羲看到人们的心思和言语表达的巨大差距，人们想得很多很多，说出的却很少很少，绝大多数的情感世界的材料，都在传输的过程中损失了，这叫情感损耗，是最严重的损耗。因为人们在世上最尊贵的最细腻的是情感，不能准确完整地传达给对方，会造成非常严重的事故。伏羲发现，人们在说话时，脸上的表情和身体的动作有很大的表现作用，比如他说"好"，如果很干脆，表情很坚定，那就是真正的好，如果他拖了长腔说"好——"，同时头向旁边一歪，他这"好"却是不好的意思，这些玄妙的东西，岂是一个简单的"好"字能表示的？它需要一大篇文字材料记载下来，让大家都知道，达成共识……

等等！伏羲赶紧收住自己思绪的脱缰的野马，文字？我说了"文字"吗？对了，就是它，人们缺少一种东西，彼此传情达意，这东西就是文字！

文字就是记录，记录下人们说出的一切，文字记录得完整，就会促进人们说话更丰富，所以说语言和文字相辅相成。伏羲想到了鸟兽的足迹。一只大老虎走过去，地上会留下一串痕迹，这足迹，其实就是爪子印的简单重复。伏羲问自己：它为什么有这么多的脚印？他自己回答：这不废话吗，它一直走，可不就一直有脚印。人也在不停地说，他们的话似乎是简单的重复，其实不然。老虎的脚印不是简单的重复，每走一步，每一个脚印，都有自己丰富的经历和经过，脚印在地上是经历，脚印在地上周边的情况，就是经过，把它们详细记录才来，你能说这些脚印是简单的重复？同样道理，把人说的话记录下来，也不是简单的重复。某人不相信，说伏羲吹牛，说过的话能够记录下来，那就像把闪电照下来当火把一样荒唐。伏羲把这个人说过的话，按照音节记录在一块木板上，然后再“读”给他听：“伏羲说他能够记录别人的说话，扯犊子！”这人听了不服气：“你自己胡乱画的，咋说咋是！”两个人找一个第三方，让他念这段话，第三方念这段文字：“伏羲说他能够记录别人的说话，扯犊子！”扯犊子的这位立刻面如死灰：“我这话就这样记下来，永远抹不掉了吗？”“永远抹不掉了！”“天哪，丢死人哪，不能活了！几百年后人们都知道我骂人啦！”把这木板拿到天边，人们都原样读出这个倒霉蛋的话：“伏羲说他能够记录别人的说话，扯犊子！”从此，人们有了记录语言的文字，文字可以跨越时间、地域，无限制传播和保留。

伏羲使用文字记录语言，语音和文字之间形成广阔的思维空间，两者都具有巨大的弹性，人们希望能够借此准确完整表达自己的意思。伏羲把世界上的事物归为八大类：天，地，风，雷，水，火，山，泽。根据性质，分别给八物一个代号，乾代表天，坤代表地，巽代表风，震代表雷，坎代表水，离代表火，艮代表山，兑代表泽。伏羲对八物内部的关系和八物之间的关系作出规律性的描述，如天在上，地在下，天地运动产生风，风酝酿成雷，风雷交合而为水，水与火矛盾统一，火生成山，水积成泽。一物与另一物总会相遇，它们相遇相合会产生种种新的事物，而新事物的基本元素仍然是八物，所以，八物就是八元素，每一元素与其他元素相匹配，逻辑上八八六十四，于是成六十四种物象，六十四种物象构成缤纷的世界。世界在伏羲的高度抽象的表述中被记录下来了。

伏羲记录的世界是规律的，规律的世界，伏羲使用规律的符号：乾☰，兑☱，离☲，震☳，巽☴，坎☵，艮☶，坤☷，一共八个符号。八卦符号不同于文字符号，它属于硬性规定，没有联想记忆功能，后来人们给八卦的符号编了一个口诀，方便记忆和图画：乾三连，坤六断，震仰盂，艮覆碗，离中虚，坎中满，兑上缺，巽下断。

将八卦符号两两叠加，就构成八八六十四卦，卦名也扩充为六十四个。这六十四种事物可以表述世界上任何一种事物和现象，同样道理，任何一种事物和现象都可以在这群符号中找到相应的表示，伏羲使世界有了抽象意义的“替身”，从此，人们可以不借助实物，形而上地讨论这个世界上的任何问题，人类思想进入哲学的高层次。八卦和六十四卦，是对世界的高度理论概括，世界上任何事物，都可以用卦和卦象解释。伏羲用符号的符号解释分析自然界和人类现象，就像数学家使用数学公式和数字代号，极为方便。

伏羲创造八卦，以大局观演说宇宙大自然和人生百态，还能推算宇宙和人生的未来。人们纷纷传说伏羲会算卦，都来请他算财运官运桃花运，家里丢一把斧子也请伏羲算一算。有人来请伏羲为他推算运道，啥时候能当上大官啊，即使没有发大财，发点小财也不错啊等等，伏羲装模作样推演一番：“你要死了。”来人大惊失色：“什么时候？”伏羲说：“具体时间不能确定，总之，从现在开始，几十年内，你都可能死。”来人说：“你唬我！”伏羲笑道：“自己的事情找人算卦，不就是等着被人唬吗？”

夸父·与太阳赛跑

夸父很小的时候，就开始琢磨一个问题：太阳去哪儿了？爸爸去哪儿，妈妈去哪儿，兄弟姐妹都去哪儿，这都不是问题，他知道爸爸妈妈兄弟姐妹都去哪儿了，他们就在夸父的身边，白天吃饭干活，夜里围着一个火塘睡觉，偶尔有人出远门，过几天也会回来。可是，与夸父，与所有人关系都很密切的太阳，它老人家去哪儿了，夸父就不知道。老人家每天都按时上班，按时下班，这期间大家对它的一切了如指掌，举头见太阳，不举头，它也在那儿温暖着你。可太阳下班后去哪儿了，它去做什么了，一周天的一半时间见不到它，第二天，太阳又朝气蓬勃地上班，这一整夜的时间真神秘。夸父一直希望有机会解开这个谜团。

太阳下班去哪里，这似乎是少年儿童的心思，长到青年，他就不再关心这个问题，不是这个问题已经解决，而是他的探索心消磨净尽，全部心思转到柴米油盐。可是人到壮年的夸父，探索真理揭开奥秘的心思越发强烈。他向有学问的人求教，向年长的人询问，也向官员们咨询。有学问的专家说，太阳围着大地转，一昼夜转一圈。夜里，大家需要休息，所以太阳下班了。夸父对专家的解释很不以为然，是太阳落下山人们才下班，而不是人们要下班太阳才下山好不好？夸父想，这些专家其实很糊涂。

夸父找年长者询问，老先生仔细看看夸父，教训他说："它落山了，就是落山了，就像你没落山，还在我眼前添乱一样。打我小时候起，太阳就这样每天东升西落，发生过问题吗？从来没有发生过任何问题，我之前的上一辈，上一辈之前的再上一辈，再上一辈……”夸父说：“说重点。”“……再上一辈，也没发生问题。没有问题的问题，你还当成问题，你这年轻人真有问题！”

官员听了夸父的话，拖着模式化的官腔说：“你应该知道，我们这个机关的工作多么繁忙，我们坚持权为民所用，利为民所谋，每天都在辛辛苦苦地为人民大众服务，努力工作，废寝忘食，夜以继日，呕心沥血，鞠躬尽瘁，死而后已。我们服务的，是人民，不是你，为你服务了，我们怎么为人民大众服务呢？”官府办事大厅里熙熙攘攘，人头攒动，官员们忙得脚打后脑勺，夸父听他们说的话全都一样：我们为人民大众服务，不能为你服务的，要为你服务，怎么为人民大众服务？官员为夸父占用了他们为人民大众服务的时间而极其不耐烦。夸父对官员们的奇葩理论也有点不耐烦，他走出那座什么事也不会办的办事大厅，万分失望，这个问题看来不可能有答案了。

但是，这个问题不解决，夸父不甘心，既然向他人求助没有结果，夸父决定自己动手解决这个困扰他几十年的问题。夸父的“动手”，其实是动腿，他要走到太阳落山的地方，亲自看一看，太阳落山后去了哪里。夸父的奔跑能力超强，他要跟太阳来一场比赛，在太阳落山之前赶到它落山的地方。

第二天，他一大早就准备停当，他的装备很简单：一个装水的罐子。一般人长途奔跑，需要补充给养，夸父不需要，他身体强壮，这一天不用吃东西也能坚持下来。罐子却极为重要，他知道越到最后，比赛临近终点，冲刺，会与太阳肩并肩，那时候肯定很热，太阳灼烤，他身上的水分迅速流失，必须持续补充水分，才能不被太阳烤化。

一个上午，夸父遇到了高山，遇到了大河，遇到了流沙。高山挡不住夸父，他的长腿跨过悬崖，跳过山涧，翻越高山极顶；大河挡不住夸父，踏浪游泳，他都擅长，在水里的夸父犹如一条海豚；流沙挡不住夸父，他有徒步穿越沙漠的优异成绩，何况他还背着一罐水。夸父为了超过太阳，一直往西，取捷径，走荒山野岭，林莽丛棘。他不知道喝过多少次水，蹚过多少条河，每次过河都把罐子灌得满满的，多亏中国河流多，他才有机会补充他身上和瓦罐里的水。衣服剐烂了，皮肤割破了，鞋底磨穿了，夸父毫不在意，全心全意向西，再向西！

正午时分，太阳追上了夸父，有很长一段时间，夸父和太阳并驾齐驱，不巧这时候夸父遇到了一座险峻的高山，攀登这座山耽误了一些时间，太阳已经超过了夸父，把他甩在了后边。夸父奋起直追，好在翻过这座山之后，前面一望无际的大平原，平原上长满了短草，特别适合夸父奔跑，夸父几乎在草上飞，把登山耽误的时间夺回来了，渐渐地缩短了与太阳的距离，他现在信心饱满，坚信可以在太阳之前赶到落山的地方，与太阳展开最后的冲刺。太阳的脚步均匀，夸父却可以在最后阶段加速再加速，他坚信自己能取得比赛的胜利。距离终点越近，夸父感到太阳的炎热已经变成烧与烤。

更严峻的问题压迫着夸父：大平原虽然利于奔跑，但平原上缺少河流。奔跑的夸父一下午只遇到两条大河，黄河和渭河，干渴的夸父把瓦罐里灌满水之后，把两条大河都喝干了，而且现在夸父距离太阳太近，太阳的威力极为强大，黄河水和渭水也抵不住太阳的照射，夸父身上的水迅速蒸发，他远远地看见前面有一片大湖，湖水波光粼粼，似乎已经在向他发出邀请。夸父抬头看天上的太阳，这时的太阳十分巨大，身上喷射着无数条火舌，每条火舌都像一条毒龙，吞噬着路过的一切，也吸走夸父身上最后一点水分。这么近，夸父看见太阳走得非常快，在夸父的头顶上呼啸而过。

夸父想，太阳果然走得很快，和它比赛，我输了——但是，假如，我有充足的水供应，赢得比赛的，一定是我！

夸父死了，他的登山杖，化作漫山遍野的桃林。

炎帝·农夫

太阳老高了，大小伙子小姜还在屋子里睡觉，邻居来找小姜，爸爸妈妈说，俺家小姜啊，他没在家，大半夜就上山了。这么说，父母真的以为小姜已经在山上了，自欺欺人地趾高气扬起来。但回头一看，小兔崽子还赖在炕上没起来，自己先羞得脸通红。夫妻俩合作，拎起这不成器的小兔崽子，男拳女掌，噼噼啪啪，打得小姜眼前金星乱窜，差不多奄奄一息。这还是亲生儿子吗，下得如此狠手！

不怪父母这么凶狠，这小姜也实在不争气。村里的男人，超过十岁的，一律上山打猎，十岁以下跟着大人上山的，也不少，虽然不能打猎，给大人抬个弓递个箭也行。酋长说了，打猎很重要，要从娃娃抓起。可好说歹说，这小兔崽子坚决不肯上山，就在被窝里念念有词，屋子里坛坛罐罐装满了各式各样的草籽，不知道鼓捣些啥东西。远近乡亲谁不议论，都说老姜家祖坟冒青烟了，养了个不肯上山的小活祖宗。

谁也没问问，小姜为何不肯上山。

小姜不上山的原因非常简单：去也白去。村里的大老爷儿们小老爷儿们还有奶气未脱婴儿级的老爷儿们，每天上山打猎，他们打来什么了吗？晚上大呼隆地“凯旋”，几十人上百人托举着一只乌鸦，这就是他们一天的战利品！还好意思山呼海啸打着旗帜唱着歌：“日落西山红霞飞，勇士打猎把家归，把家归！”“胸前的红花……”有红花吗？谁献的？“……愉快的歌声满天飞。”上百人忙活一天只收获一只乌鸦，就算饮食不再讲究，只吃乌鸦炸酱面，可是全村人吃一只乌鸦的炸酱面，无论如何愉快不起来。

不是这些勇士武艺不精，更不是他们工作不勤，他们打不来猎物的原因是：野兽被打没了。

男人们都上山打猎，也不是问题，野兽从来打不完，你打得多，它生得更多，可那么多的村落那么多男人上山打猎，野兽们终于受不了：要我们生，你也得给我们一点时间啊，成千上万的人把山岭踏平了，一迭声地催逼："快生，快生，我们等着打你们呢！"换成你，你试试能生得出来不？最后，野兽们被逼无奈，男猪女猪男狐狸女狐狸纷纷迎着箭头往前冲，开展自杀式防御，跑不动的老袋獾老狗熊老梅花鹿，找到一根箭，挖个坑，箭头冲上埋得结实，然后扑上去……死了就算了，不再受这个罪！

小姜不打猎，他在收集各种草籽，他想把这些东西转换为永久食物。永久食物的根本点，在于它们能够再生，供给可靠。这些草每年都开花结籽，从不耽误。草籽收集虽然费时间，但它们老老实实在地里长着，今天不收明天收，明天不收后天收，不会像野兽那样一转眼就跑得无影无踪。这些草籽的大小不一，味道不同，小姜决定好中选优，人工栽培优良草籽，用作村落的长期食物供应。这叫"耕种"。耕种有两个环节，一个耕，一个种，耕就是把土地翻动得疏松，利于草的生长，既然这些草将来长成的籽要用作食物，它们就不叫草了，叫秧苗，这名称娇滴滴的十分可爱。种就是把草籽埋进土里，长出来后还要保护它，最后顺利结成籽。这一套行为，叫农业。人们还可以照样打猎。打来的狍子獐子等等，也挺好，食谱中当个点缀。

又一条爆炸性的新闻在村子里传来：姜家那个不打猎的小子，不但自己不打猎，还不让别人打猎；不但不让人们打猎，还强迫人们吃草！吃草，多么严重的羞辱啊，相当于当众脱掉衣服，相当于用鞋底子打人家的脸蛋子，相当于戴上高帽子游街，高帽子上写着这人是个大流氓罪大恶极罪不容诛下地狱阎王爷都不收。什么东西吃草？老鼠兔子豪猪羊驼，小姜要我们大家都吃草，这是骂我们连畜生都不如，畜生都不吃草，它们只吃肉。人们传言，偷换了概念，小姜要吃的不是草，吃草籽。为了强调小姜建议的荒唐程度，他们把许多不吃草的动物也归并到吃草的行列里，比如蟑螂就不吃草，它吃人们吃饭剩下的肉骨头，在饿极了的时候才吃树皮草绳子，以及人们穿烂的鞋帮子，至于屎壳郎，它不吃草，它吃屎！“反吃草派”说，还不一样？吃草比吃屎还恶心！这条消息不久就传到整个部落，再不久，全天下人都知道姜水流域有一个鼓吹吃草的疯子。

村民集体涌向小姜的家，大批从外地来串联的反吃草派，也参加这项活动。他们手里拿着一顶很高很高的帽子，桦树皮做的，很漂亮，骨针缝制得非常精巧，可以当作一件工艺品收藏，因为它一点实际价值也没有，唯一的功能是用来羞辱人。羞辱他还给他戴这么漂亮的帽子，怎么想的？这里的人真奇怪。

这些人来批斗小姜，高帽子上写着他的罪名：野心家、死不悔改的顽固派、懒鬼等，罪名不多，可能因为他年纪不大，没攒下更多罪名。这些人打算给小姜戴上这顶高帽子，还要绑起来，像狗似的用绳子牵着游街示众，游街之后怎么办，还没研究，那得看群众的意见，如果群众认为小姜罪大恶极，不杀不足以平民愤……

走近小姜家了，却闻到一种奇异的芳香，人们从来没有闻到过这个气味，太诱人了，引诱得每个人都想立刻扑上去，亲口尝一尝。走进小姜家的院子，走进正堂，香气越发浓烈，所有人都口水直流，那时候人们还不掩饰口水，觉得流口水是对人家的尊敬，于是从大街到小姜家，地面上湿漉漉的像下过一场雨。

在正堂门口，人们呆住了：小姜一家，父母带着七八个孩子包括小姜，十多口人，围着一口大陶釜，你一把我一把地抓什么东西往嘴里填，吃得津津有味热火朝天，他家那条狗也挤上去，从人的手里抢饭团。那弥天的香气，就从这尊大陶釜里飘逸而出。原来，小姜不但琢磨出耕种，把草籽脱壳做成草籽米，还发明了火，用水火煮成的草籽米饭，芳香四溢飘九州。

小姜指着陶釜，对站在门口滴滴答答流口水的群众说：“乡亲们，远方的朋友们，尝尝？”

小姜创造了农业，还发明了用火，从此，人们叫他“神农”，尊称他为“炎帝”。

黄帝 · 发明家

公孙家的公子聪明俊秀，是一个发明家，他发明的东西多到数不过来，有人问公子：“你发明的东西有多少了，给个统计数字，将来写地方志要用。”公子意气风发：“你不能问我发明了什么，你要问什么不是我发明的。”这话的口气实在太大，但静下心来仔细想一想，人们眼前身边的一切，几乎都与公子的发明有关，再往远说，那什么什么，也都是公子发明的，这里的“什么”是个代入公式，可以填进任何发明创造。

但“交公粮”这事却难住了公子。每年秋天，村里打下的粮食，有一两成要交给酋长，酋长家那么远，村里的男人齐上阵，一根扁担两只筐，长途跋涉送粮忙。路途实在太遥远，一路就吃这两筐谷，运到酋长家，只剩下一筐。酋长才不管你出发时几斤几两，他只要每人这两筐谷！还得回去再运——这些大活人，回去就不吃饭吗？回去不担担子，吃饭可以少些，那也得吃啊。所以剩下这一筐还不能全交给酋长，留下一筐的四分之三做口粮，结果忙活一场，只有八分之一的粮食交公，另外那八分之七，还得再送来。这就意味着送公粮要折腾八个来回，一冬都在送公粮。公子要搞一个大项目，做一件大发明，使送公粮变得简单。

公孙有一个设计团队，相当于几千年后的设计院。这个设计院的发明成果都以公孙冠名，所以他才鼻孔朝天把话说得满满：“还有什么东西不是我发明的吗？”公子给这个大项目划定大方向：一件能移动的装粮食的器具，还给这件器具定下技术参数——装的粮食要很多很多，运送的速度要很快很快，驱动这器具运动的人力物力要很少很少，这器具的结构外观和使用性能要很好很好，因为这是去到酋长家的东西，好看第一重要啦。设计院的几个年轻工程师窃语："又多又少，又快又好，违反能量守恒定律，哪个混蛋生出的混蛋想法？"耳语被公子听到了："你别管混蛋不混蛋，先说说可行不可行。"不耳语了，直接批评："多就不能少，快就不能好，这四个字，排列组合，重重矛盾！"公子问什么叫矛盾，"矛盾，要设计发明最尖利的矛，就不能设计最坚固的盾。你现在还要把矛盾组合为一体，你让矛最厉害还是让盾最厉害？"公子说："人有多大的胆量，土地就有多高的产量，你没试过，怎么知道这东西做不出来？你们刚才讨论半天什么能量守恒问题，能量守不守恒我不管，可你们怎么知道我要的东西违反能量守恒定律？你们怎么知道我不能同时发明最尖利的矛和最坚固的盾？"听公子这样极为矛盾的一番演讲，设计院庞大的会议室兼设计室刹那间空无一人，大家果断决定辞职不干，只有公子一个人坐在木头墩子上沉思入定。远远看去，像一尊雕塑，题名可以叫"思想者"。

思想者眼前反复闪现两组画面：第一组，冬天，大路上铺着冰，几十条绳子，几百人牵引，拉一块巨大的石料。酋长要建造一座宫殿，从远处运来石料，必须冰上运输。第二组，夏天，还是运送石料，绳子，几百人。但石料下面垫着圆木，圆木滚动着，巨石前进。如果没有圆木的滚动，那块巨石，上千人也拖不动它。

滚动！就像一道闪电，在公子的眼前爆炸，呼啦啦打开了公子的设计思路。用圆木铺路，就可以解决省力的问题，天下的道路，全都铺上圆木，运送任何大件都轻而易举。而且，用圆木铺路，拖拉重物用的人比在冰上拖运减少一半，符合他的设计要求，但圆木铺路的问题也不小：速度太慢，现在的"圆木路"是临时的，几十根圆木前后不断地倒腾，拆了后边铺前面，效率低，假设天下的大路全都铺上圆木就好了，可上哪儿找这么多的圆木？就算森林到处都是，可伐木就那么容易吗？现在这几十根圆木，费了九牛二虎的力气才砍下来的呢，就算砍下来也不难，几千年后的铁路，不就满天下铺圆木——方木吗？可那么多的圆木在路上摆着，难免丢失损毁。假设人们的觉悟极高，都主动维护——咋那么多的假设！公子对自己的假设都心烦，大路上二尺远摆一根圆木，这是铺路吗？这分明在设置路障！

重新回到“滚”上面来。假设——公子还得假设，不假设，怎么能有发明呢？假设运送石料的圆木固定在石料上，或者石料放置在木板上，而圆木固定在木板下，就解决了圆木铺路的问题，但是滚动的优势又没了。公子叹息道：“矛盾啊！”

矛盾！又一道闪电在公子眼前爆炸，呼啦啦再一次炸开了公子的设计思路。既要圆木固定，又要圆木滚动，矛和盾统一在一件器具上，那就让圆木一身兼二任，把它断开，一部分固定在木板上，一部分继续滚动，两部分似断实连，似连实断，形成松散的联合结构。后来，公子把这个结构叫轮轴，轴者，持轮也，固定不动；轮者，滚也，滚动不停，一对矛盾的统一体。再后来，公子把轮的部分加高，轴的部分减细，于是几匹马牵着这件东西，装载着重物，在大路上风驰电掣，真实现了“多、少、快、好”，后来人们觉得这么说有点拗口，还会发生歧义，就改成“多、快、好、省”。

风驰电掣的东西叫什么呢？这件器具的特点是人可以安稳地坐卧在上面，不用迈步，不用费一点力气，到几十里外的亲戚家探望，大半天就到了，人坐在轮轴上头的木头框子里，不用迈步，在屋子里坐着就到了另一个屋，公子说，就叫它“居”吧。居是居了，这么大一个科研项目，这么重要的一个创造发明，字还得有一个专用的好，这也难不住公子：两轮一轴一厢，照猫画虎，写作“車”，读音还是“居”。

公子叫人搬来粮食装上这个“車”，一麻袋，两麻袋，数不清多少麻袋，反正进贡给酋长的粮食全都装在车上。公子打一个响鞭，这是向驾车的几匹马发信号，意思是可以走啦。他一个人，把全村男人一个冬天的事情一下子做完了，心情愉快唱起歌：“长鞭一甩啪啪响，赶起大车奔前方。劈开重重雾，穿过道道梁，要问大车哪里去，我为酋长送公粮！”

公子发明车，以车为基础，开发“车”系列，比如战车、指南车等，形成庞大的车系列家族，他的名字也相应地叫“公孙轩辕”。轩辕以战车这种超级无敌大杀器，战胜了当时的天下共主神农炎帝，被誉为新的华夏共主——黄帝。

帝尧·为“父母”做官

帝尧的政府简易，整个政府机关没有几个人，最重要的人好像有四个，叫“四岳”，帝尧要布置什么事情，就说：“四岳，过来！”来了……听帝尧一个人在那里嘚吧嘚，完了四岳就去执行。人们总听帝尧叫喊“四岳”，以为他有四个大臣，其实只有一个人，不过他也不纠正，就让他们那么以为吧，显得我的政府比较庞大。

帝尧的政府大门口有一面大鼓，鼓的质量一般。帝尧政府不但鼓的质量一般，他的任何东西都一般化，就说他的宫殿吧，几根原木柱子，支起一片茅草顶子，就算宫殿，柱子剥了皮显得光滑些，主要还在于剥了皮的木材不生虫。由于建筑工人偷懒或粗心，好几处树皮没剥干净，帝尧也不在乎，因为他根本看不见，他有很重要的工作要做，哪能注意到这些细枝末节。

重要的工作每天都有，那面大鼓就是信号。每当有鼓声响起，帝尧不管在做什么，都要立刻停下来，请击鼓人进来说话。击鼓人说话千奇百怪，归结为一点，却是一个字：我。原来那面鼓是鸣冤鼓。鸣，嚷嚷。告状人的一种特权，他都蒙受冤枉了，还不嚷嚷？其实也就这个时刻告状人才有特权，他可以理直气壮地敲鼓，直到把帝尧敲出来。

于是帝尧听政。听政其实就是听讼，部落里面各类人的七长八短，听得人头昏脑涨。但帝尧不，他越听越清醒，帝尧说：你们听讼不投入，所以听得糊涂、疲倦。人们问怎么才能听得投入，帝尧一席话使人茅塞顿开，但也更令人汗颜，他说："凡来告状的，我都把他当作我的父亲母亲看待，父母受了委屈，找谁诉去，找儿子啊。我们这些人，无缘无故地不干活，坐在宫殿里，要百姓们养活我们，他们不都是我们的父母吗？我们的职责，就是听他们诉委屈，帮他们解除委屈的。"

来告状的，多是鸡毛蒜皮，狗摇尾巴猫舔盘子的事情，但帝尧听得细致耐心："那狗咬你，可能你逗它，把它逗急眼了，不然你们互相都认识，它咋好就吭哧一口？""你说我跟它认识，这说法好像不妥吧？""对对，不该这么说，收回这句话，向你道歉！可它为什么咬你呢？""我也不知道啊，这畜生疯掉了，我要求帝尧判这狗东西死刑，它的主人韩二狗要陪我损失，医药费，误工费！"狗主人说："金三胖隐瞒事实！他喂狗吃榴梿！第一次喂，狗不知道是啥，吃了，结果呕吐了一下午。今天又喂，狗不吃，他就把榴梿往狗嘴里塞，狗哀求无效，才咬他的。""有证人吗？""有。"崔勇敢、朴正义都是证人，一致指证金三胖无缘无故挑逗韩二狗家的狗，狗抵制无效才奋起反抗的。金三胖在证人证言面前无言以对，只好认输。帝尧判决，这次诉讼事件韩二狗胜诉，他家的狗咬金三胖，属于正当防卫，无罪。金三胖医药费自己承担，如果因此感染疯狗病，也后果自负。但出于人道主义考虑，韩二狗应该带着金三胖去太医院接种狂犬疫苗，费用由韩二狗承担。为了避免此类事件再度发生，帝尧还发布通告，制定法律，规定任何人不准给狗喂吃榴梿。

帝尧的另一件工作更繁忙，什么繁忙，其实就是繁琐。帝尧在人烟稠密的地方，桥头、码头、集市、议事堂等地方，设立一种设备，叫"谤木"。谤木的构造也简单，一根竖立的圆木，横着凿一些凹槽，然后在凹槽里安放木板。木板经过刨光，方便人们在上面书写。帝尧指示，不管谁，不管什么人，对政府有意见或建议，都可以在这些木板上留言。留言可以署名，也可以不署名，当然也可以用化名，比如"渭水愚夫""笑里藏刀"等光怪陆离的名字。提的意见可以是个人的，也可以是批评政府的，当然也可以谁都不涉及，在上面写几句打油诗。因为没有任何限制，无遮大会大家谈，流言蜚语无所谓，谩骂打击也可以，所以才叫"谤木”。谤木无人值守，官府定期派人来取走木牌，这些木牌都集中到帝尧的宫殿，这里就是谤木网络的“根服务器”，处理这些木片。帝尧一条一条地看，看完了收存，留作档案，圆木柱子再换上一批新木板。

帝尧每天兴致勃勃地阅读谤木上的留言，一读就是大半夜。留言精彩纷呈，比告状的还丰富。“强烈要求市场管理部门取缔无照经营！”这是有照商贩的抱怨，生意被无照贩子顶了。这要求合理。帝尧记在自己的记事板上，尽快派人去落实，要保护合法商贩的利益，也有利于维护政府的税收。“河西村的王姓豪强，操控选举，成地方一霸，请帝尧立刻调查处理。”帝尧想，基层选举经常出现霸选和贿选的情况，这个问题很严重，组织材料，派四岳办这件事。但这条下边紧接着就有一条评论：“造谣！河西王家忠厚传家，绝无此事！”署名却是河东刘家，看似在打抱不平。帝尧想，这很可能是王家人自己穿着马甲题写的。果然紧跟着又是一条：“穿上马甲就没人认识你吗？我知道你是王家雇用的水军，不要脸！”忽然看到一条很另类：“邱大花是大破鞋！”这么严肃的谤木写这么不严肃的话，也太不严肃了。但既然叫谤木，就得容忍低素质人的胡写乱画。这条很吸引眼球：“放勋！帝这个职位你不合适，你应该禅让给我，我研究的‘引力波’有国际影响，马上就要获得诺斯贝尔奖。”帝尧笑笑，你来干？你还未必赶得上我，看他这个话，就是一个“民间科学家”，民间科学家，一半疯儿一半傻。还有呢，“帝尧这几年偷懒耍滑，脱离人民，打倒帝尧！”对这条，许多人表示严重不满意，批判道：“写这话的人得到部落外敌人的资助，制造混乱，把他揪出来示众！”帝尧不同意有人说他懒惰，懒惰的人看文件看到后半夜？你以为我想看民间这些乌七八糟的八卦消息吗？我这是勤政，你不懂。但帝尧更鄙视那些溜须拍马的帖子，这些家伙一向没头脑，自己啥事都干不好，有问题就往敌人身上推。

但是，民间科学家“禅让”那句话，却让帝尧动心：我当帝已经七十年了，我自己觉得朝气蓬勃正当年，旁人可能早看出我老态龙钟，应该考虑让年轻人来当这个帝，他说“禅让”，这挺好的。当然不能禅让给这位志大才疏的“民科”，帝尧决定明天就派四岳去寻访俊才。

帝舜·纯孝

虞舜是一个年轻的农夫，住在济水之南历山脚下，一穷二白。全村的小伙子差不多都一穷二白，干完农活，就躺在历山的向阳坡，脱下衣服抓虱子，抓完棉袄的，就抓棉裤的，有的虱子傻乎乎，在棉布做成的“大平原”上从容漫步，被棉裤的主人一抓正着，一击毙命，血光飞溅。有的虱子就精怪些，把整个身子藏在棉裤的针脚缝隙里，只露出一张小嘴咬主人肥嫩的皮肤，主人眼力稍差，它就是漏网之鱼，一座庞大“血山”都归它一虱享用。虱子繁殖得非常快，一茬一茬的，总也抓不完。要说抓不完，还有个秘诀，原来他们只抓大大的胖胖的，娇娇弱弱的呢，就留着，过两三天就可以再抓啦！

舜不但要对付贫穷和虱子，还得对付老爹老娘和老弟。“傻二子，房子漏雨了，你上去给我修一修。”傻二子就是舜，出名的大孝子，十分愉快地爬上房顶。老爹却把梯子撤了，点火烧房子，要把他烧死。傻二子烧得焦煳，从房上滚下来，竟还活着。但老爹非弄死傻二子不可，又在叫了：“傻二子，我的井淤了，你下去淘一淘！”傻二子既然是大孝子，当然没的说，抓起一只木耒就下井。老爹和老弟就推土填井，但他们居然不知道井还有个暗道。舜逃出古井，跑到历山向阳坡上，继续跟伙伴们抓虱子——几天不捉，虱子们已经有些迫不及待，从棉裤缝隙里伸出小脑袋东张西望。

舜的老娘是济南村最著名的——不是母老虎，老虎算什么，林子里有的是，小孩子经常把小虎崽子抱回来当大猫玩。只要按时把它送回去，母老虎也不追究——舜的老娘简直是一头恐龙。不是说她长得难看，是说她打遍济南无敌手，人们像躲避霸王龙那样躲着她。饶这样，她还不满足，每天爬上村中央的皂角树，开骂，从村东头的老王家骂起，一直骂到村西头的老刘家，一户一人都不落下，男女不论，童叟无欺，绝对公平地送给每人一箩筐“国骂”。

这一家四口，三口人都憋着坏对付舜，近期目标是折腾他，远期目标是折腾死他。他们残害骨肉，在于他们有私心，顽劣不化的父和撒泼无赖的母，想夺取舜的财产；桀骜不驯的弟，想霸占舜的那张琴。父母子三人合谋，形成严峻的家庭内部阶级斗争格局。

四岳遵照帝尧的指示，四处寻找接班人，到济南，觉得这里的气氛迥异于别的村子，这个村子的气氛太压抑，呼吸的空气都沉甸甸的。问为啥，村民们却灰溜溜地躲开谁都不说，终于问到一个胆子特别大的，答应接受采访，但他对着四岳采访组，也哆哆嗦嗦好半天，屋里屋外进进出出好几趟，最后憋出一句话：“老虞家那老婆砸，可把我们害苦啦！”

既然开了头，也就没了恐惧，村民们呼啦一下围着采访组大倒其苦水，总之一个意思，这日子没法过下去了，那‘老婆砸’不死，我们就不活啦！血泪控诉听得采访组头皮发麻，问：“这女人如此凶蛮，他的家人呢？”又一波血泪控诉开始：“他那老头子瞽叟，煮不烂的滚刀肉，帮凶；第二个儿子叫象，果然如一头野象啊！”

“没了？”“没了。”“具体事实呢？”“关于这老婆砸，怎么能说事实？她的事只能形而上地说，说事实，您就别想离开济南了，伤天害理缺德事——我不怕您生气啊，这辈子您都听不完！不过可以让乡亲们跟您说一两件，我得走了，虞舜等着我上南山种麦子呢。”“您等一下，您说，虞舜？他和你们说的这‘老婆砸’什么关系？我听着好像同族啊，都姓虞。”“这虞舜啊！”他来了兴致——让虞舜在那等着吧，这个话题我绝对不能让给别人！

虞舜是“老婆砸”的儿子，如假包换的亲生儿子，有人说是他的后妈，我以这棵树起誓，绝对亲生，当年是我妈给虞舜接的生，虞舜和我年岁相仿。他是超级无敌大孝子！老爸老妈，还有小弟，三人合伙要害死他，他对父母的恭敬孝敬一丝不减，就当那些事从来没有发生过；对弟弟的亲爱如故，就像弟弟从来没有长大。这孝，这悌！虞舜耕地，老虎大象熊罴都来帮助他。就说三个人合伙要烧死虞舜的那次吧，瞽叟在房子下面点火，火势熊熊，虞舜站在房顶不下来，还摆了很壮烈的造型，情真意切地对家人说："爸爸，妈妈，弟弟，永别了！我爱你们！"太感人了，这太感人了！感动得连我都想孝敬父母了，可是我的爸爸妈妈早早就过世了哇，啊，啊……哭起他过世的双亲。

四岳带着采访组找到虞舜。与预想的一模一样：一个老实憨厚的近于木讷的青年。四岳说："你的父母名声好像不大好啊。"虞舜很坦然地回答："大人，古人云，子不言父之过。"四岳又说："令弟似乎也很不成器。"虞舜答道："家父在，教训舍弟之事小人不可越俎代庖。""房子失火，乡邻都认为令尊令堂故意为之，阁下为何不紧急避险逃难？"虞舜脸上油然沛然涌现神圣感："君叫臣死臣应死，父叫子亡子须亡。那时候我没有别的选择。"

四岳完成了对接班人的考察，高兴地回宫复命，帝尧对虞舜也非常满意。他认为，人的天分或者说智商都差不多，成才不成才，关键在于环境，主要是家庭环境。家庭环境越是恶劣，越能磨炼他的意志和才能，这叫"逆境出人才"。一个普通干部，把混乱的家庭治理得井井有条，给他个国，也照样治得好。治理天下，顺理成章不在话下。舜这个青年，老爸老妈那么凶恶丑陋，他都恭敬孝顺，是为纯孝，纯孝之人，必定对君忠，对臣诚，对天下百姓纯爱。

于是，虞舜接替帝尧，成为华夏共主，人们尊称他为帝舜。

大禹・治水英雄

鲧老爷召集全家人开会，情况看起来很糟糕，会议内容倒很简单，老爷说：“我今天要被帝舜斩首，全家人都到齐了吧，跟你们告个别，我走了。”鲧太太说：“别走！”鲧想，还是夫人舍不得我，要挽留我最后一刻，心里有点小感动，但鲧太太说：“小禹还没到呢。”鲧的忽然升腾起来的心啊，重新降落到冰点以下。他顾不上埋怨夫人，急忙寻找最小的儿子禹，禹从另外一个山头驾船过来，急忙问什么情况，鲧说，我领命平治洪水，治了九年，洪水还不退，帝舜要用军法处置我。禹说：“我去评评理……”鲧说：“评啥理？将军打仗败了，负了重伤，硬撑着一口气不死，挣扎着见大首长，大首长老爷怎么说？老爷说：斩！但首长老爷也一定补充几句：‘你的孩子，你的家眷，国家替你养着，放心地去吧。’治水不成，死就死吧！小禹，你驾船送我去死，别人就不要去了，船小，装不下许多人，再说，死也没啥可看。”

小船在一座更大的山头停下来，帝舜接着，亲切地询问鲧的饮食起居。鲧说，也没啥可吃的，就是喝粥吧。帝舜说：“喝粥好啊，喝粥健康长寿。”鲧说：“健康是够健康的，长寿就算了。”帝舜有点不好意思，握着鲧的手说：“放心地去吧，你的一家大小，我替你养着。这个小伙子是你的儿子吧？就让他接替你的职位吧，继续治水。”鲧趴在地上磕头磕了不知多少个，感动的。当时洪水太猛烈，所以中央的官职里头，治水官最大最重要。

禹就任治水官，但正式上任之前还有一件事要做：结婚。治水官很荣耀，但也很危险，尤其当前。当年鲧如果结婚晚，这回不就断后了吗？幸亏他很早就结了婚，所以才给家族增添了男丁——禹。所以禹要给自己留下儿子。结婚这事最简单了：姑娘你叫什么名字？还没取名呢。那你是哪里人呢？我家住在涂山。那好，是涂山女，有男朋友吗？还没有。那更好，我们结婚吧！

禹娶了涂山女，过了几天，禹觉得差不多了，就正式上任治水去。为啥不多待些日子，等新媳妇明确怀孕了再走？是帝舜等不及，每天催，每天催。

禹到治水现场视察一番，知道老爸死得真冤：老爸治水，就在帝舜的地盘打转转，哪里水多就在哪里修建拦水坝，结果水越治越多，水位越涨越高。中国这么大，局部地区治水肯定不行，必须统筹安排，把这些水导进大海里去，大海是多少水都填不满的。从这积水十几年的许多大湖，往大海挖许多排水沟。往大海导水，那就必须知道大海在什么方向，禹经过实地考察，知道大海在东方，就指挥天下百姓，往东方就地开挖排水沟。这项全国大工程进行了十三年，排水沟挖了无数条，积蓄二十多年的大水顺着排水沟乖乖地流进东洋大海，治水大功告成！禹把其中最大的四条排水沟取了名字，分别叫江、淮、河、济，合称“四渎”。四水各有很多支流，也都是挖的排水沟，名字也都很讲究，汾水、渭水、泾水、汉水、潇水、湘水、沅水、澧水、赣水等等。中华大地的水位慢慢降低，最后终于露出地面，人们才纷纷从山上下来，种地养鸭，终于稻田弥望、炊烟袅袅起来。

禹十三年没回过家，儿子还没见过爹，但禹还得继续考察洪水退后的中国大地，为国家行政掌握第一手资料。帝尧和帝舜，只是一个酋长，掌管的地方极有限，存点水就没过顶。自从禹开挖江淮河济，茫茫九派流中国，中华大地不想归为一家也不能够了，帝舜就升格成了这个大“酋长国”的大酋长，禹代替大酋长考察各地自然地理和风土人情，以便因地制宜实施治理。

禹的考察从黄河开始。河水很浑浊，河水裹挟着大量黄土，所以叫黄河，渡过黄河，在河北地区继续考察，这里叫冀州，自壶口经过吕梁太行，东至碣石，南到漳水。这里的土壤颜色浅而疏松，耕地肥沃程度中等，但可以缴纳上等的赋税，进贡的物品是毛皮。接着再次渡过黄河，进入黄河下游地区，确定黄河、济水之间的地带为兖州，兖州是黑土地但土质坚硬，耕地质量比冀州稍差，赋税也稍低些。出产物品桑麻，进贡漆和丝。从泰山下走到大海边，这一带叫青州……

禹走遍全国，确定天下共有九州：冀州、兖州、青州、徐州、扬州、荆州、豫州、梁州、雍州，每个州，禹都有详细的报告，报告每个州的地理方位、疆域、土质等级、物产及进贡的物品等等。禹把这份报告呈交帝舜，帝舜看着这份报告，再看看禹，看看禹，再看看报告，每个字都是一千多万滴的汗水凝成的呢，激动得眼泪哗啦哗啦的，掉在地上啪嗒啪嗒的。禹平治洪水前后十三年，累成了脑血栓，留下了偏瘫的后遗症。说偏瘫，但只是偏，并不瘫，能走路，但走路不能左右脚来回倒腾，他得左脚迈出，右脚就跟进，与左脚并齐，左脚再迈出，右脚再跟进，如果跟着口令，不偏瘫的走路是一、二、一，一、二、一……偏瘫的走路却是一、二，一、二……颤颤巍巍的，挺有节奏感，人们尊称之为“禹步”。几千年后，“禹步”被异化得厉害，双腿下蹲，这叫马步，以马步的样子走路，就是所谓“禹步”。马步已经很难看了，异化的禹步难看得简直没法说，实在亵渎大禹的万世英名。

禹上任时还年轻，十几年没见，已经老头儿模样，还是个脑血栓老头儿。把帝舜看得伤感无限，也激动得不知怎么说才好，怎么办才好，也就是不知道怎么酬谢禹的功绩啦，但最后还是决定了这么说这么办，他说：禹，从此你就叫“大禹”吧。这意思很明白，禹字前加一个“大”字，大就是“帝”，帝舜要禅让帝位给禹了。

帝尧、帝舜、帝禹，上古时代中华三位伟大的酋长。

夏后启 · 血统论

帝尧、帝舜、帝禹，三位帝的政府有一个共同特点：简易。帝尧的“宫殿”修修补补使用了七十年，柱子实在腐烂得不行，摇摇晃晃咳嗽带喘地顶不起那厚重的屋顶，其实屋顶的感觉也好不到哪里去，苫的草不知道换过多少次，它还在那里苦撑着。帝舜和帝禹的宫殿也差不多，他们的宫殿兼书房兼厨房还兼卧室，宫殿后边几根木棍圈起来，叫围栏，里面养着几头猪和牛，他觉得冰雪天风雨天炎热天，让这些可怜的动物风餐露宿，于心不忍，也给它们的围栏上面加个盖苫了草，四周还用草糊泥围起来，俨然一座宫殿，前边的宫殿比它华丽点，但也有限，牛猪们在“宫殿”里熙熙而乐。这些动物腊月献祭的时候用，献祭，光荣啊，可当它们要出栏的时候，猪撕心裂肺地又哭又叫，牛静悄悄地眼泪淌成河，死拖活拉地不出来，不是它们怕死，它们舍不得离开这温暖的大房子。

帝尧时候创立了好传统，提前物色好接班人，年老退休，接班人自然上任，成为新的帝，于是帝尧之后帝舜，帝舜之后帝禹。帝禹之后呢？

帝禹对尧和舜极为崇拜，他执政的所有路线方针政策，都遵从古制，包括选拔接班人。帝舜南巡，死在苍梧，大禹即位为帝禹，帝禹的大事，就是决定接班人。这件事，也是一代更比一代成熟的，帝尧在阅读谤木的时候，受一个“民科”启发，才发现自己已经很老，应该寻找接班人。帝舜在洪水滔天的危难之际，紧急提拔禹任治水总指挥。这个小伙子治水成功的话，他就是大禹，不成功呢，帝舜没有说，但心照不宣：跟他爹一样，处斩。所以，大禹并不是帝舜预选的接班人。舜和禹成为帝，偶然的成分不小。现在，帝禹有充足的时间，即位之初就研究接班人的问题。

其实帝禹的接班人问题不用研究，成为帝禹继承人的，早就众望所归：皋陶。皋陶是帝舜的大臣，主管刑法，朝廷的大法官。对于判案决狱，皋陶说过一段非常著名的话："惩罚犯罪，仅限于犯罪者本人，他的后代不受牵连；奖励功勋，却要世代沿袭。过失犯罪，再严重也可以宽恕；如果故意犯罪，罪行轻微也要惩罚。惩罚犯罪人，如果犯罪事实有疑点，就要依照最轻的量刑；奖励功勋，他的功劳存在争议，就依照最高标准。"皋陶宅心仁厚，尊重人的基本权利。政府的主要职责就是审官司判案，皋陶这么伟大的法官理所当然该成为帝，可是皋陶没等到帝禹逝世，自己先走一步，帝禹只得重新寻找接班人。说重新寻找，仍然不费心思，眼前就有：伯益。伯益帮助大禹治水，辛辛苦苦十三年；辅佐帝禹执政，又是十三年。他的言论写成一部大书，被尊为中央政府的政治纲领，书名《大禹谟》。伯益将会接续帝禹，成为中华第四位大酋长。

帝禹的偏枯症属于渐进性，终于进展到全枯，帝禹连同他的"禹步"，一同在会稽寿终正寝。按照禅让的程序，伯益即位为帝，称"帝伯益"。

可是，帝禹的儿子启有话说。

大禹治水十三年，忙得几次路过家门都没有回家看看，涂山女独自把儿子养大，等到禹成为大禹再成为帝禹，启已经三十多岁。三十多年没怎么见面的儿子，大禹心怀愧疚，心眼也就稍稍地偏了一点点。但帝禹的地位身份，只要他的心思有一点小活动，大臣们忙不迭地就要做帝禹肚子里的蛔虫，蛔虫们猜测寄主的心思，一猜一个准，寄主自己也没觉察到的心思，蛔虫们都猜得出来。帝禹确定皋陶为接班人的时候，天下人都认为这太正当了，不是皋陶还能是谁呢？说起来，这位皋陶大人的资格比帝禹还老些，岁数跟帝禹也差不多，只不过大禹治水这功绩无人可比，帝舜才把帝位传给大禹，其实帝舜不很情愿，大禹在向帝舜汇报工作时，居然说出一句粗话“他 × 的”，这叫帝舜很不高兴，想把帝位禅让给皋陶，可是又觉得对不起大禹的偌大功绩，最后很勉强地禅让给大禹。禅让之后就南巡，南巡之中就龙驭宾天。现在大禹寻求接班人，轮也该轮到皋陶。可是，就在发布皋陶是帝禹接班人的这一时刻，蛔虫们就奔走相告：“我们帝的小心脏啊，往左边偏了！”皋陶死，伯益被确定为接班人，这个决议还正式地写在朝廷的文件上：“伯益，德能勤绩冠臣工，帝肱骨良哉！”等于明明白白地告诉天下人，伯益是帝禹的亲密战友和接班人。但蛔虫们不这么看，它们再次奔走相告：“我们帝禹的小心脏啊，又往左偏了三个毫米了！”帝禹的偏枯症比较严重，差不多就要全枯的时候，蛔虫们忙得更厉害，在帝禹的肚里一刻不停地乱窜，传递着绝对准确的小道消息：“咱们帝禹那颗老得不能再老的老心脏啊，彻彻底底地左、左、左啦！”

不知道蛔虫们用的什么手段，把帝禹的心脏偏向左边的事实告诉了启，启用了七七四十九天，以蝌蚪文字写成长篇论文，论文的内容是什么不重要，看一眼论文剑拔弩张的标题，就一目了然：《血统论》。

帝禹坚决反对血统论，他坚持天下人管天下事，天下事择天下人，皋陶、伯益、启，都是天下人，不能因为启是帝禹的儿子，天然地传染了帝禹的活性菌。选定皋陶和伯益作为接班人，绝对出于公心，他实实在在踏踏实实地希望伯益接替他做中华之帝，那些蛔虫嘁嘁喳喳的说法，帝禹根本就不知道。这件事情以后，人们不得不佩服蛔虫的厉害：它们能够解读寄主本人也觉察不到的心理变化。

帝禹驾崩，按照文件规定，伯益即位，成为帝伯益。可是启说：“列位大臣，还有你，伯益，好好读一遍我的论文，再说话！”

很巧，大臣们的肚里也装着类似的蛔虫，他们立刻摇旗转向：“我是帝禹臣，启是帝禹娃，禹启一根线，拴着俩蚂蚱。伯益啊伯益，拉倒拉倒吧！”伯益战败，被杀，启即位为帝，建立夏朝，他就是中国第一个朝代的第一个王——夏后启。

帝太康·帝二代

启战胜伯益，做了大夏的第一位首领。因为启破坏了禅让制，历史美誉度不高，后人叫他“夏后”，不叫他“夏帝”，虽然后也是帝的意思，可《史记》的关键词含有褒贬。夏后启特别讲究仪式，他觉得什么事必须有一个仪式，才算名正言顺，比如男女婚姻，如果两个人随随便便住在一起，就会被人耻笑，说他俩不正经，不承认他们的婚姻关系。正确的做法是举行一个仪式，亲戚朋友乡亲们都到场，等于做个见证，从此他们婚姻合情合理合法，见人理直气壮。帝启也决定举行一个仪式，正式宣告自己当了夏王。

帝启环顾首都，气愤地扔下一句话，回去睡觉了，他说：“仪式，谁爱搞谁搞！”帝启说这话，是因为他眼前所见，没有搞仪式的气氛，一座原木桩子支起的简陋宫殿，宫殿后边还有猪牛羊棚，那些动物不讲卫生不顾体面，男男女女在屋里拉屎撒尿，臭气弥漫到宫廷内外。在这样的环境下举行登基仪式，仪式也会臭烘烘。还有呢，仪式总要显示出王的地位高一些吧，凭什么显得帝的地位高？他的身材比一般人还矮呢。

帝启这一睡，就睡了三天三夜，他跟伯益战斗，很久没有好好地睡觉，长期持续性地疲倦。第三天，大臣们环伺在门外，见帝启醒过来，一起说祝颂词：“王命浩洋，天降吉祥，万寿无疆！”然后一个带头的大臣说：“请帝视察帝宫、登基台。”导引帝启来到帝禹的宫殿。帝禹的“宫殿”不见了，眼前的宫殿高大巍峨，飞檐斗拱，可以用金碧辉煌来形容。宫殿的柱子一般粗细，高耸入云，涂了厚厚的丹漆，从地面到屋檐，不见一处原色，每一寸都经过细心描绘。最特别的是它的大，大得不敢想象。在东墙说话，西墙都听不见。转到大殿的后面，猪牛羊一只也不见，连它们的棚子也被拆除，原地建造了一座大花园。

帝启惊讶极了："三天，你们做了这么多的事情？"首席大臣特别善于揣摩帝王的心思，这一切都是他的主意。他告诉帝启，这些建造都不算什么，因为帝启登基时间紧迫，工程太简陋粗糙，等待仪式一结束，这些都要推倒重来，给帝最好的舒适的工作环境，"还有一项工程，请帝视察指示。"引导帝启来到一座巨大的台子面前，台子用土堆起来，三层，一层五尺，总高一丈五尺，顶面夯实，台的侧面用红布围起来，十分壮观。"帝登基典礼台。仪式之后，台的周边有石条围砌，作永久纪念。同时在郊外设立一座同样规模的祭坛，四时祭天祀地。"帝启十分满意，更满意大臣的细致周到，有这样的大臣辅助，帝自己就省心多了，哪里是什么省心多了，帝根本就不需要用心思，一切事情都安排好了，帝还干什么？帝不需要干什么，他的唯一职责，就是享受，享受丰厚的物质提供的巨大的方便。帝启想，我的老爸，那个偏枯的帝禹，一辈子也没有过上这么好的日子。我是帝禹的儿子，半辈子穷兮兮，我的儿子不可以像他的儿子，我的儿子一出生就得闪亮，一辈子享受荣华！

他的儿子叫太康，即位后叫帝太康。

帝太康还在做王储的时候，就很瞧不起老爸帝启的小家子气：守着一座宫殿，还自鸣得意，他也很能理解帝启，帝启毕竟从小就被教导要艰苦朴素，不管一寸布，还是一粒米，都要用在最需要的时候，千日打柴不能一日烧，养成了拘谨的坏习惯。太康成帝以后，东西南北建设很多宫殿，为的是享受各地美景风俗，一处宫殿春夏秋冬建造四座，为的是适应季节变化，比如冬天的宫殿要保暖，夏天的宫殿要通风，要解决两者的矛盾，那就一个季节建一座。后来人们把这样的宫殿叫别墅。太康这样勤奋地建造别墅，大臣们也不能太懒惰，于是在首席大臣的带领下，大夏领域内的风景名胜地一律封闭，里面都是这些重要人物的别墅，大家都住在别墅，轻易不出来，帝太康召集开会，要分别派出集团军规模的传令兵，因为他不知道这些大臣分别住在哪一座别墅里。

别墅住久了也烦，帝太康想到打猎，打猎跟住宫殿不同，打猎充满了不确定性，你不知道猎物从哪里突然冲出来，你也不知道猎物是黑熊还是野猪，你更不知道这个猎物能不能被捕获或杀死，帝太康说："真是太刺激啦！"帝太康被刺激得不行，结束一场围猎刚刚到家，就派出集团军规模的传令兵召集大臣："走，打猎去！"

有大臣不喜欢建造宫殿，也不喜欢打猎，就在帝太康打猎的空隙，劝谏道："大禹平治洪水得到帝位，帝启发动几场战争，消灭伯益和有扈氏，呕心沥血几十年才确定父子相传的家天下格局，大王一定要珍惜啊。"帝太康说："帝禹和帝启，这么呕心沥血为了什么？"回答："为了子孙当上王，享受权势和荣华。"帝太康说："我现在就享受着权势和荣华，帝禹和王启的愿望实现了啊！""可是……"那位大臣想说，享受荣华，不思进取，政权可能二世而亡的。刚说了"可是"，帝太康说："我知道了，我这里也太忙，等到我闲下来的时候再听你演讲吧！"连续几场打猎，他也累，关上门，睡觉了。

邻国有穷，国王超级厉害，仰慕羿的射箭技艺，也叫羿。这位羿旁观大夏很久了，把大夏王的底细摸得清清楚楚，突然一个早晨，有穷国的大兵压境向大夏。

帝太康匆忙备战，派出集团军规模的传令兵召集大臣们来开会讨论对策。面对危险，大臣们不一定来，能来也不能确定什么时候到，即使到了，开会除了商议投降，还能有别的选择吗？集团军规模的传令兵，直接武装起来上战场不行吗？真不行，他们只会传令，不会打仗。

现在，帝太康的唯一选择是逃跑，长期围猎的效果这时充分显现了，他跨马奔驰，一眨眼就跑出十里远，远远超出箭的射程，帝太康暂时安全了，谋划着等有穷国这货撤退了，再组织一次围猎。经过这次实战，他的纵马狂奔的技艺肯定有大长进。

王羿看着太康纵马远去，慢条斯理地取出一支箭，再慢条斯理地搭箭开弓，他的弓虽然不是恐龙骨的，却也不一般，铁力木的，除了王羿没人拉得圆。王羿把弓拉得正圆，射距十里，箭道弧度要十四点五度，箭飞行时间三十秒。三十秒以后，远处的小黑点从大黑点上掉下去，驱马查看，帝太康掉在马的脚下，那支羽毛箭正中帝太康的后心。

汤武·革命

“革命”是一个好词，汤喜欢，凡有雄心壮志的人都喜欢。当然，野心勃勃的人也喜欢。革命，可以在混乱中得到好处，最大的好处当然是当皇帝啦，所以，喜欢。

其实“革命”一词，暴力的色彩浓厚。一个朝代的诞生，来自上天的授意，这叫“天命”，天命安排尧舜禹禅让，天命决定到禹不禅让了，父传位给子，子子孙孙无穷尽，天命决定大夏漫长四百年，尽管其间不少“帝”很不成样子，可天下百姓觉得帝们有天命在身，帝就是天之子，天子性格乖张点，做事荒唐点，也是应该的，所以帝履癸即夏桀个性膨胀，把自己说成太阳，百姓也没意见，还给他“圆话”：帝履癸是天子啊，太阳也是天之子啊，所以帝履癸说自己是太阳也没问题啊。

但是汤说：“第一，夏接受天命，有证据吗？有文件吗？夏启杀伯益，然后家天下，这是夏启的个人行为，不关乎天；第二，就算有天命，就不能革除这个天命吗？夏桀暴虐无道，这样的天命代表人还有资格管理天下吗？”一连串的问号，问得夏桀哑口无言。夏桀高高在上，从来没想过这些问题，汤这个小伙子读书不少，不好对付呢。

夏桀闭目塞听，狐媚子妹喜缠着他讲故事唱歌，像考拉一样缠在身上不下来，他哪有工夫读书理政？所以他不知道的事情多着呢。比如汤看到一个捕鸟人，巨大的网四面包围，鸟雀们在网里等死，汤说，去掉一面！鸟人去掉一面。再去掉一面！鸟人依言解网。再去掉一面！鸟人不干了：

“再去掉一面，一面网，还捕个鸟！”汤说：“总还有你这样的鸟人往这个一面网上撞的。”汤念念有词，跟鸟雀们说：“想左飞，就左飞；想右飞，就右飞；不想飞，就不飞。”鸟人把这事讥笑加愤怒地说给别人听，人们肃然起敬：“大王的仁德至高无上，鸟兽都能沾染恩泽！”人们说这话明显针对着夏桀帝履癸，那家伙荒唐透顶，把山上的野兽都打干净了，造什么“肉林”。那些肉没几天就臭了，就为了搞一个光彩的大场面，害死那么多的动物！

汤心里酝酿着革命这件事，革命这事不是游戏，革得不好，会先把自己的命革掉了的。但最近伊尹的回归坚定了他坚持革命的决心。

伊尹在汤的政府任太宰，政府的总管。一天早晨穿着便装来见汤，说：“我要走了。”汤很惊讶：“你要走了吗？我这里再没有更高的职位给你了，我给你涨工资吧，翻倍！”伊尹说：“不是职位的事，也不是工资的事，我觉得大王您这里太小了，我的厨房理论适应面还应该更大些。”“那你……”“大王说对了，我到大夏去。”“我还啥都没说呢。”“君子之交淡如水，君子之心谐如琴。”汤跟伊尹的土豪主人一样豪爽：“嗯，你去吧，要没找到合适的工作，再回来。”伊尹在大夏找到了很合适的工作，也是太宰。但伊尹在一个早晨突然出现在汤的面前：“大王，我回来了，太宰的职位，还给我留着没？”

重新担任汤政府太宰的伊尹告诉汤，大夏大夏，大就是大，夏也是大，名副其实，果然非常大，汤这个小国没法跟人家比。大夏也叫华夏，华夏华夏，那里一年四季，到处红红的花，美得人走路都走不动，美丽化为实体，拖着人的腿脚不让离开。伊尹说，我这是拟人叙事方法，其实大夏的美紧紧拴住人们的心。汤说，这不还是拟人吗？伊尹说，不是拟人，这是比喻。不管拟人比喻啦，是个人到大夏，都会流连忘返。汤说：“可是……”伊尹说：“别问我为什么还回来，请问大王，天命重要，还是人命重要？”汤不假思索：“人命！天命虚无缥缈，人没饭吃那就活生生地死在你的面前，所以自古以来人命大过天！”伊尹上前紧紧握着汤的手说：“大王，大夏的天命到头了，即使它还没到头，大王也可以而且应该革了它！大王，革命吧！”

伊尹详细向汤述说帝履癸的种种荒唐作为，大夏人民已经活不下去，消灭帝履癸，不但革夏的命，更解放大夏的人民，“解民于倒悬”。被吊起来的人民活不了几天，早一点革命，就多救活一些人民。于是汤决定伐大夏，在国都召开誓师大会，汤做战斗总动员：

“大家安静！仔细听我讲话。我们出兵征讨大夏，不是我以小犯大，犯上作乱，而是大夏罪行昭彰，夏的罪行比头发还多，根本数不过来。我郑重地跟你们说，大夏有罪，我必须兴师问罪，给他以严厉的惩罚。我如果不这样做，上帝会怪罪我，也会怪罪你们大家。我听见有人在抱怨，说国君不体恤你们，在这农忙时节征兵打仗，把农事耽误了。你们大家听着，上帝的责罚不管你农事不农事，你们或许还会问：‘夏桀有什么罪，他的罪行究竟到什么程度？’他无限制地加大徭役，耗尽了民力；又对民众重重盘剥，掠光了资财。夏国的民众全都在消极怠工，等着他出事。他们说：‘这个太阳啊你什么时候被消灭，我宁愿和你一起死！’人民已经厌恶到这种程度，整个大夏都盼着他倒台，希望他死，他死了，百姓才能活。现在我们就根据上帝的旨意，代表大夏人民的意志，来消灭这个残暴的‘太阳’！希望你们和我一起，奉行上天降下的惩罚。战斗有功，我会重重地奖赏你们。你们不要怀疑，我说到做到，绝不食言！但如果你们违抗我们的誓言，战斗不积极，不敢与敌人拼杀，甚至临阵脱逃，我一定要惩罚你们，绝对不宽赦！”

誓师词把这次军事行动拔高为“吊民伐罪”，高端大气，义正词严。誓师词恩威并施，有强大的鼓动力。以后凡出征誓师，全都采用这篇《汤誓》做范文，只要改动几个字句和名词就可以了。

汤看到威武雄壮的队伍向大夏进发，自豪感蓬勃：“我，强劲威武，天下无敌，我就是武！”从此军中号称“武王”。

汤武革命，成功了。

盘庚（上）· 定都

帝盘庚人如其名，喜欢盘算，也擅长盘算，但是，帝盘庚一盘算，人们就害怕，首都奄城最近笼罩着骚动不安的气氛：听说帝盘庚盘算着要搬家——迁都。

盘庚搬家，那就意味着大家都得搬家，可大家都不愿意搬家，搬家的事情一定要慎重，俗话说得好：搬一搬，穷三年。几个本家老贵族相约着来见帝盘庚，问问这搬家到底是不是真的，如果是真的，那就劝说盘庚收回成命。好好的日子不过，搬什么家？

寒暄。最近去哪儿玩了没有呢？哪也没去，哪儿好也不如家好。听说河南那地方挺美气，您老应该去看看。唉，我这把老骨头，没等到河南，就得埋到半路上。您老来有啥指教啊？哪敢指教，是请求，请求帝千万别动搬家的念头，一搬三穷啊，咱搬不起，搬不动。

帝盘庚不再寒暄，正色道："那您老看看，不穷，咱们还有什么可搬动的？"

几个老贵族嗫嚅不语，他们实在找不出可以搬动的东西，房子搬不走吧，灶台搬不动吧，祖坟迁不成吧，此外，没了。说没了也不全对，每家都有一副炊具和餐具，都是宝贝，鼎豆盘簋鬲，甗斝觚卣尊。盘庚问："还有吗？"贵族们不说话。盘庚说："这些东西，搬到新家，统统给你们砸碎！"

看老贵族们失魂落魄，仿佛那些坛坛罐罐已经被盘庚打碎了，帝盘庚坐下来，对老贵族们推心置腹谈一番言语，有分教：良言一句三冬暖，一语惊醒梦中人。

帝盘庚告诉贵族们，迁都也是无奈之举。现在的都城奄已经定都二十多年，刚来时，物阜民丰，连空气都是柔柔的。当地的民众为天子驾到欢欣鼓舞，争着把自己家的好东西献给帝和大臣们品尝，其乐融融，大家都说，这里这么好，以后再也不搬家了。可是一年后，两年后，三年后，十年后，当地的居民有什么变化吗？他们有抱怨了，抱怨声越来越多，越来越尖锐。食物不再充足，住房不再宽敞。流经城里的水变得肮脏，从前家家直接从河里取水做饭的，现在敢吗？就连空气，都飘浮着恶浊的味道。咱们刚来时那种清新安适沁人心脾的气息再也找不到了。最严重的还是粮食和蔬菜。因为是帝都，人口膨胀得厉害，本地的粮食难以供应，就往城市远郊区征集，远郊区也没有那么多粮食蔬菜，就往更远的地方征集。粮食还好办，不怕长途运输，但是蔬菜就不一样，没运多远就烂掉了。我们已经把奄这个地方吃穷了。你们每月领的俸禄，的确不多，你们抱怨，我也知道，可我就当没听见，我听见又能怎样？你们知道那些粮食怎么得到的吗？强行征集！粮食是命根子，谁家有多余的粮食？不给，不给就抢，就夺，抢夺也不给，那真是要粮不要命啊，他们说了，粮食被抢走了，命也一样保不住！所以拼出性命保粮食。你们哪里知道，发给你们的粮食，那可都是沾着血的啊！

帝盘庚说到激动处，自己也讲不下去，停下来让自己平静一下情绪，也让贵族们思考一些问题，这些贵族长期养尊处优，已经失去了思考能力。

帝盘庚显然已经深思熟虑。他对未来的帝都作出了长远的根本性的规划，他说，不能等吃穷一个地方，再搬到另一个地方，要把帝都建成一个有自生再生能力的城市，能自养，让帝都保持活力。他跟贵族们说，新的帝都人口不必太多，贵族们不要都守在帝都，大家分开到各地，以减轻帝都供给的负担。粮食和蔬菜不用长途运输，劳民伤财。大家还能吃到新鲜的应时当令的蔬果。奄这个被废弃的帝都，我们迁走之后，也许很快就能恢复从前的模样，人们又可以直接从城里的河里取水回家做饭了。听帝盘庚的一番话，贵族们虽然对自己的家还舍不得，不想搬，但盘庚说的都是实情，这般艰难的岁月也真难为了帝盘庚。

帝盘庚宣布迁都，整体迁到殷，奄都的“公务员”集体炸锅，迁都早有耳闻，没想到是真的！群情汹汹，涌到大街上游行，要求帝盘庚出来讲话。帝盘庚正想开会呢，一下子来了这么多人，机会难得，必须演讲一场。

“来齐了吗？我现在讲话！”

公务员们静静地听，广场上鸦雀无声。

“洞若观火！”

什么意思？帝看见什么了，这么没头没脑的一句话，嗯，有内容。帝很可能在都城到处安插了谍报，都是他的耳目。

“有条不紊！”

这是说搬家的事情都安排停当，一切都妥当了，我们反对也没用。

“纲举目张！”

怎么又说到捕鱼了呢，会撒渔网的渔夫，渔网的大绳子飞出去成一个圆圆的大圈，落到水里一大片，网格遮天而来，鱼网住了，可这跟搬家有啥关系？

“星火燎原！”

一点火星，会把一片大草原烧得干干净净，这可能是说要警惕小事情，我们现在的游行，是星星之火呢，还是已经燎原了？他会不会把我们抓起来关进圜土？

“每日维新！”

维新？新词，没听过，帝可能又要出什么幺蛾子！可他这几句话怎么谁跟谁都不挨着，他到底想说啥呀？

帝盘庚的这几句话，非常简约，也非常深刻，深刻得几千年后，人们还念念不忘，把它们叫作“成语”，谁要说话写文章引用了这几句或一两句，别人就会刮目相看：“有水平，有内涵！引用盘庚的话！”

帝盘庚说完这几个词，觉得可以供群众思考一阵子的，趁他们还没缓过神来，盘庚发布命令："我现在命令：上溯二十年，奄都的所有外来迁入者，立刻收拾东西，欠账的还账，多情的斩情，所有瓜葛，交割清楚！三天以后，这个时间，到这里集中，出发，奔殷，在那里建设新的都城！从现在开始，迈开你们的腿，闭上你们的嘴，有敢不听、不行动、妄发议论的，我一律严惩不贷！"

三天以后，奄都的大部分人，所有的"外来户"，都集中在广场上，拖儿带女，扶老携幼，背着那点家当，盆盘豆俎之类，其实哪用得上三天，奄都人家家穷得叮当响，几间茅草屋里面几件吃饭的碗，就是一家财产的全部。由于人多拥挤，不少炊具餐具碰碎了，就坐在地上哭。

搬家的队伍浩浩荡荡地奔向殷。穷家，离开就离开吧，一狠心，一挥手，一把眼泪告别在奄都的针针线线。只有那情丝难断的青年，眼泪珍珠般一路滚动到新都——殷。

盘庚（下）· 青铜器

盘庚跟贵族们谈话，说的都是实话，实话才能动人，所以贵族们首先同意迁都，对付一般公务员就简单得多。帝盘庚一顿吓唬，众人就乖乖地跟着走，迁都大事顺利完成。

但帝盘庚的实话还没说完整，保留的部分比说出来的部分更大，不过他也透露了一点："这些东西，搬到新家，统统给你们砸碎！"打碎了吃饭的家什，这不是要逼死人命吗？帝盘庚当然没那么霸道，他另有打算，他要用新的厨房用具代替这些笨重的陶鼎陶碗陶盆。

帝盘庚要铸造青铜器。然后，青铜武器，然后，用青铜武器征服四方，让他们主动来进贡，以供养帝都，帝都的"警察"不必再到郊区远郊区抢粮食蔬菜水果，让警察保持一点尊严，也让百姓保留一条活路。

人们很早就会从矿石中提炼铜和其他贵重金属，用铜制作器物，大夏时候，就有了用铜做的器具，但极少，而且全都用于礼仪，实用器具更少，可帝盘庚从中看到了时代的曙光，他觉察到铜这种金属会有大用场，铜质器具会普及，应用于日常生活。他甚至展望将来会是铜时代，家家户户铜鼎铜豆铜盘铜盆，至少贵族们都能用上铜器，他说"砸碎"，就是这个意思。可这只是他的设想，没实现的事，不能跟他们说。

他决定迁都到殷，主要原因是殷地有一种土，这种土耐火。在一次火灾现场，盘庚见识了这种土的厉害：石头都烧得熔化了，土壤却完好如初，他仔细观察，石头融化是因为这块石头含有大量的金属颗粒，是一块铜矿石，而且含铜量很高，高品位的铜矿石，能被火烧化。土壤如此抗烧，可以做成坩埚，盛装熔化的金属液，注进同样用这种土壤做成的“范”里，范可以做成各种模样，盘盆簋鼎，照着陶器做，然后就可以取代陶器。铜器造价高，但它们千秋万代，算起来还便宜些，而且不会因为搬家被挤碎，一家人坐在地上哭。

殷有耐火土，附近有铜矿石，有这两样东西，就可以开工。铜矿石挖出来了，铜矿石被粉碎成粉末了，从粉末里把铜末末筛选出来了——开炼！

用殷土耐火砖砌成的高炉几丈高，拔高的烟囱火焰猛烈，炉子里的温度提得很高很高，没有一千度也有八百度。上好的松木烧成堆地塞进炉子，几里地外都看见火光熊熊，冲天蔽日。铜粉末变成金属液体，在炉子里沸腾。耐火材料做成的坩埚伸进一千多摄氏度高温的沸腾炉，舀出更高温度的铜水，迅速注进埋在地下的“范”里。范制成鼎的模样，那是用一个现成的陶鼎倒模成的。冷却之后，从地下挖出鼎——铜的，仔细打磨、抛光，哎呀，光彩夺目！人间第一次出现“金碧辉煌”这个词。从前，人们的生活基本是灰色调，铜器出现，生活彻底改观。帝盘庚看着这“金碧辉煌”，盘算着下一步方略的落实。不过目前他还不急，山里的矿石挖不完，山上松树砍不完，殷都的冶炼厂就忙不完，帝盘庚给每个贵族配发一套厨房用具，现在的贵族才是真正的贵族，因为他们家里“金碧辉煌”了，连同他们本人也辉煌起来，出门开会，更加趾高气扬：我家有整套的铜餐具！

家里的陶罐陶盆，像盘庚说的，就打碎吗？才不会，那时的人们不褊狭，自己不用，就送给需要的人们；那时的人们不小心眼儿，接受别人的东西并不觉得没面子。有富裕人家学贵族的样，也扫尽家底置办一副铜餐具，一家人饿着肚子看着流光溢彩的鼎豆盘，精神上就饱了。

现在，帝盘庚盘算着他的大方略，大计划，这项计划他在奄都没有跟老贵族们说，老贵族们一定反对：又打仗啊，不行！这些老人啥也看不惯，都不对，到处胡乱说，有的帝就把他们管起来，建一个度假村，实际等于禁闭，帝盘庚不那么干，知道他们是胡说了，你还不让他们说？所以帝盘庚专门为这些老贵族设立一个“元老院”，有事没事让他们在哪里瞎呛呛。有时候，帝盘庚还亲自到元老院访问，询问他们对帝国大事的“看法”，征求他们的“意见”，元老们感动得不行。

他的大方略就是：利用铜，制造大杀器！

大杀器的时代感强烈，在徒手搏斗时代，投石机就是大杀器；在投石机时代，弓箭就是大杀器；在弓箭时代，连弩就是大杀器。羿被尊为大英雄，因为他手里掌握着大杀器。一把弓箭算不上大杀器，但是配上骨制的箭镞，它就是大杀器。第一个羿用金属箭镞射杀九个太阳，第二个羿用骨制箭镞射杀太康，他们都是大英雄。射杀寒浞的那一群人不是英雄，他们射出的箭就是削尖的木棍啦，没有箭镞。铜轻便，方便锻造成各种形制的东西，包括武器，如刀剑和箭。盘庚悄悄地试验，这些“武器”顺利锻造成功，一把铜刀挥起来，万马军中所向披靡。帝盘庚在树林里冲锋陷阵，树阵披靡——树木岿然不动，它居然不躲！那就别怪我心狠手辣！帝盘庚的大刀砍向那脆弱的小树，小树应声倒地，只连着一段树皮，帝盘庚再看大刀，倒吸一口冷气：铜刀卷刃啦！

帝盘庚召集炼铜的专家，交给他们一项严峻的“政治任务”：找到让铜既有韧性能锻造，又有刚性不倒伏的办法。这些专家绝对不是光会搬砖的家伙，他们异口同声地说：“不早说！”原来，这些专家以为帝盘庚需要高纯度的黄铜或紫铜、红铜，心思全放在提纯上了，纯度达到四个九，铜这东西，越纯净就越柔软，如果不那么纯净，进而把一些同样柔软的材料锡、铅、铝、钨等加进去一块融合着炼和锻，负负得正，铜就坚硬无比啦！不过这样的铜不很好看，颜色不纯，不黄不红不紫，它是青色。帝盘庚说：“不早说——就是它了，不黄不红不紫没关系，叫它青铜！”帝盘庚下令，以后只炼青铜。

配备青铜大杀器的帝盘庚的军队，帝盘庚指哪打哪，打哪胜哪，不出几年，商的周边国家全部向商纳贡宾服，帝盘庚的殷都从此巩固为长久的帝都。

武丁·模拟画像

自汤武革命成功，历十八帝，传位至帝盘庚，帝盘庚结束商族四处迁徙的历史，定都在殷。商族不再搬家，主要是财产拖累，家大业大，真的会一搬三穷。别的不说，单那青铜冶炼厂，一座庞大的冶金联合企业，怎么搬迁？帝盘庚之后三传，到武丁。

武丁号称帝武丁，可他不理会朝廷的事情，也不组织开会，啥事都交给大冢宰处理，大冢宰就是太宰，厨师。厨师会做饭，可也得帝们说出来要吃什么饭，帝们更需要给厨房提供足够的米面油。巧媳妇难为无米之炊，天下第一的好厨子也一样。可帝武丁却说："有米有面有酱油，谁不会做饭，要你厨师干什么？"一甩手，走了。

帝武丁一身短打扮，吩咐帝宫的宫女太监以及后妃们："我出门旅游了，啥时候回来也不一定，你们别管我，该吃就吃，该喝就喝。"别人不敢说话，帝后拉住他的衣角问："这话，怎么听上去像遗嘱呢？"帝武丁却不介意："我要回不来，这就是遗嘱！"说完，飘然而去，相望和相忘于云深不知处——帝武丁相忘，后妃们相望。

一文不名怎么旅游？就算那时候公园和文物古迹还不收门票，公园门口也没有一群专门宰外地游客的小商贩，游客要吃饭，公园肯定也不管的。帝武丁为了吃饭，一路打工，他从事过各个工种，陶工，瓦工，矿工，搬运工，还给人掏过大烟囱，就这样一路打工一路旅游，忙忙碌碌不消停，来到一处建筑工地。工地是一处要塞，官家要在这里修筑边墙，做防御工事，帝武丁这时恰没有口粮了，向管事的请求当几天临时工，管事的看武丁人还聪明，把武丁交给一个工程师，让他做工程师的助理。

工程师名说，没姓。不但这位“说工程师”没姓，当时大多数人都没姓，你如果问武丁姓什么，他好半天想不起来，最后恍然大悟：“哦，我姓子，叫子武丁。”姓这东西，查户口的时候才用得着，平时谁知道它呀，都叫小乙、大丁、太甲、仲丙等等，你要叫一声“姜小乙”，谁都不知道你喊的是哪个，包括姜小乙本人即小乙同志。

帝武丁向这位说工程师询问，我这个助理具体要做什么事情，说工程师说：“观察。”工程师看这个年轻人很机灵的样子，打算培养他做自己的接班人，于是细心指导他版筑的构造原理，传授他技术要领。说说：“版筑的原则和技术，合起来是三句话：真材实货；循序渐进；步步扎实。版筑的材料是泥土，可不是任何泥土都可以做版筑，泥土的黏性必须达到标准。符合标准的土也不能立即使用，得晾在太阳下暴晒一个夏天，晒去它的生性和野性，成为熟土。版筑一层之后，需要等到它结实干燥，固定下它的心性，再筑第二层，比如一个人吧，你把他放到一个新的岗位上，就得容许他有熟悉这个岗位的时间，不能立刻就给他重担子挑。但也不能等它干透了，那就成了两层皮，永远不能合成一体。筑时力道必须足，而且均匀，让每一块泥都承受同样的重力，它们结的版墙就会坚硬无比，刀剑箭镞，滚木礌石，所有大杀器都奈何它不得。”

先辈伊尹说烹调，岂止烹调，那是用人之道，汤武任用伊尹为太宰，果然，伊尹不但是好厨子，还是好臣子，他任太宰，汤武的革命才得以成功。说工程师说版筑，也不仅是版筑，他说的是政治方略，治理帝国的路线方针政策。找了三年，终于找到了！原来帝武丁对朝廷的大臣没意见，谁都称职。但谁都不是宰相的材料，他要亲自到民间寻求相才。三年之后，他找到了说。

上朝。大臣们热烈讨论煮肉应该先放盐还是后放盐，帝武丁却伏案睡着了，呼噜声盖过了争论声，口水也汩汩地在唇边流淌，十分不雅。大臣们安静下来，怕影响帝睡觉。大臣们不吵，帝武丁却醒了，抬头看看大伙儿，额上压了鲜红的印子，十分滑稽。

“哎呀，十分失礼，列位臣工。我怎么就睡着了呢？”啥时候都有拍马屁的家伙：“帝为万民操劳，忧心过度，还请帝珍爱身体，乃亿兆之福也！”但他拍到了马蹄，帝说：“胡说！我正经听你们讨论，精神百倍，一点也不疲劳。可是一会儿就睡过去了。”帝忽然觉悟，叫道：“呀，我想起来了，我做了一个梦！”于是讲他做的梦：“我梦见一位天神，他告诉我，你的朝廷‘元首明哉，股肱良哉，庶事康哉’。已经很好很好的啦，可是朝廷还缺一位宰相，我说，我们朝廷人才济济。天神不答话，拿出一块玉版，上面画着一幅人像，天神让我看仔细，我看着看着，就醒了。众大臣拜舞祝贺帝武丁：“帝神灵护佑，我朝洪福齐天！”帝武丁说：“退朝吧，我找人画像。”

帝武丁叫来刑侦专家，专门画人犯模拟像的，指示道：“我说，你画，画一个我朝未来的宰相。”专家说：“我只会画犯罪嫌疑人，不会画宰相。”帝武丁说：“真古板啊，画犯罪嫌疑人，跟画宰相，不都一样！画！”根据帝武丁的口述，专家增一笔，减一笔，增增减减终于画成了，拿起来一看：这不就是那位“说工程师”吗！帝武丁很满意。

第二天上朝，帝武丁拿着“说”的画像与大臣逐个对照，当然全都对不上。帝武丁很沮丧的样子说：“看来宰相不在朝中啊，只好到基层去找了。”派出一支精干的队伍，带着图画，去“海寻”宰相。也不用漫无边际地海寻，帝武丁说，你们到边界上去找找看，比如建筑工地啊，版筑墙什么的。临走还说：“忘了说，天神说他叫‘说’！”臣工窃窃私语：“知道他的名，还把图画对照我们看！”帝武丁找人心切，忘了昨天还在朝堂上拿着图画挨个对照大臣。

找人团很顺利地找到“说工程师”，帝武丁当即决定让他担任宰相。宰相需要有姓。尽管用不着，也得有。帝武丁说，说宰相在傅岩这个地方工作，就姓傅吧，从此，宰相傅说，辅佐帝武丁，把商帝国引入复兴。

武乙·“登时报”

帝武丁之后，五传至帝武乙。帝武乙是一位哲学家，研究思考的问题都很高深，如果他专业研究哲学，也还好，但不幸他又是一个“帝”，这就有点麻烦，更不幸他又要用权力解决哲学问题。哲学问题，永远没有解的问题，他要用武力强行给出一个解，可想而知这个解有多么不可靠。

哲学的终极问题是神的有无，有的主张有，有的主张无。但主张有的未必真的相信有，主张无的也不一定真的认为无，有无无有，全看实用。比如汤武就是无神论者，他举兵伐大夏，大夏有天命在保护的，他不怕天命吗，他不怕，因为他不相信天命，可革命成功以后，汤武对天命毕恭毕敬，祭祀神灵虔诚有加，他需要神。

可是帝武乙一反常态，他上朝的目的只有一个：辩论。跟大臣辩论到底有没有天神。大臣们对这个问题普遍不感兴趣，天神有没有，关我什么事？但不理会不行，帝武乙挨个追问：“你信神吗？”要说信，他就和人辩论，要说不信，就拉着他和那位信的辩论。朝廷被这种形而上的问题搅得乱七八糟，彻底地不能办公了。

帝武乙为了表示与天神彻底决裂，下令封闭天地日月四坛，停止祭拜的祭祀，他说，天地之间，唯我独尊，武乙在此，诸神退位！这样惊世骇俗的行为基本没有响应，各位大臣各个家庭都在自己的家里摆上诸神的牌位，战战兢兢地日夜祷告，有至诚忠于商帝国的，祷告时把自己和武乙捆绑在一起：“恭请天神宽恕我们的帝，他不是坏人啊，他正在犯羊角风呢。”不厚道的企图自保，祷告词里把自己完全切割出来：“他是他，我是我，我虽然跟他一个姓，可我是我爸爸抱养的，跟他一点血缘关系没有，天神要惩罚他，千万别带上我啊！”

帝武乙虽然不干正事，这种小动作还逃不过他的眼睛，知道大家对他取缔天神有意见，抵触，他决定给这个问题来个终极解决。帝武乙要终极解决的事情也实在太多。

他亲自动手，做了一个人偶，这人偶不是一般的人偶，它的四肢能活动，能坐能立，胳膊腿跟人一样运转自如，按照学科定义，这是一个标准的“机器人”。机器人长得威猛，一看就是一尊神，令人望而生畏。他给机器人穿上华丽的衣服，更像神灵了。这还不算，他做事讲究完全彻底，他要天神内外一致，就在天神的肚子里装了一个心脏，天神的心脏哪里找得到呢，只好用猪的心脏代替，他知道人和神一样，都用心思考问题的，天神有了心脏，就能思考问题，尽管猪的心脏成色差一点，可他是天神啊，聪明，不在乎。

安排妥当，他请天神坐在一张席子上，自己也坐，两人——人神中间放置一副棋盘，自己执黑先行，星小目开局，然后请天神应对，天神久久不落子，帝武乙频频催促，还把手伸进天神的胸腔捏他的心脏，心脏跳起来的话，天神就会动起来的。舞弄了半天，天神呆若木鸡，一点落子的意思也没有，帝武乙决定给天神安排一个代言人，代替天神下棋。代言人对以向小目，黑子贴，白子长，黑子飞，白子尖……几步棋走下来，天神的代言人急得热汗蒸腾，他不知道该让天神输呢还是赢，最后根据自己对帝武乙的了解，决定输，一条大龙被斩以后，他代表天神推枰认输。算细目，黑子贴五目，天神白子仍输黑子五目半。

帝武乙大喜，召集官民人等开大会，宣布人神大战的成绩：人胜天神五目半，帝武乙齐天大胜！不止齐天，是盖天！帝武乙把天神吊起来，指令武士批天神的脸颊，伴以愤怒声讨：“我是帝，你怕不怕我？”遍数他意念中的天神罪行以后，决定将天神处以枭首刑，刽子手举起鬼头刀，手起刀落，神的头还在空中晃荡，身躯却跌落地上，一颗“代心脏”从天神的身子里滚落出来。

同族的大臣太丁实在看不过去，在他对天神行刑之后，直接到他办公室来劝谏："有神无神，是一个学术问题，可以研究讨论，但我认为，作为奉天承运的我大商帝国，还应尊奉神灵为好，比较严肃。帝可以不信神，但也不必侮辱神，一介平民都要尊重，何况对待万物至尊？"帝武乙说："你说完了吗？说完的话你可以退下了，我要惩治那个天神。"太丁被噎得一口气上不来，险些背死过去，一个太监有疑问："刚才的神，不是已经被枭首了吗？神的心脏都滚出来了。"帝武乙说："一滴血都没流，算什么枭首！"

帝武乙喝令杀猪，接来猪血代替天神血，既然心脏可以代替，血液也能代。天神不一般，一头猪不够，杀两头。这些令人晕眩的鲜猪血被盛在一个巨大的密封牛皮袋子里，还放了盐搅拌一阵子，防止血液凝固。帝武乙命人把这个皮囊挂在一个高耸的木杆子上，他为这次行刑专门制作的。皮囊密封得不很好，滴滴答答把地面都染红了。

对天神的第二次行刑，帝武乙决定亲自执行，他取过弓，搭上箭，仰面瞄准，一声呼哨，利箭端端正正射中皮囊，穿囊而过，猪血顺着箭的穿孔哗哗淌下，小孩子不知害怕，拍手叫道："猪血！猪血！"帝武乙喝道："什么猪血？大人没教你啊？天神血！"

连战天神，帝武乙完胜，他的勇气成倍地增长，勇气增长来自他对自己无神论的坚定信念，他更坚信世上无神，如果有神，神灵们能那样听任他的摆布？

大暴雨，雷电交加，人们都知道这样的天气应该躲在屋子里，帝武乙的豪气正膨胀得无处释放，他手执长矛，迎着大暴雨冲出宫门，在雨中疾走，不时举头望天。天上的闷雷响雷交错，连续不断，听得人心惊胆战，帝武乙向着闪电方向怒吼："你来打我呀？有本事劈死我呀？"冲向天空，举着长矛，摆出一个战斗英雄的造型。

雷电东看西看，找不到落脚点，在空中哼哼唧唧地憋气，忽然看见雨中一闪一闪，是金属的闪光！好极啦，终于找到落脚的地方啦！万钧雷电齐发向这金属尖，那是一支长矛的顶端，长矛和举矛人被雷电击成粉末，消失在雨水中。

帝辛·帅帅的然而坏坏的

帝武乙这么胡闹，人们都看得出来，他疯了，无神论有神论，都是他疯闹的借口。帝国的帝疯掉了怎么办呢，还真拿他没办法，等他自消自灭。多亏这帝武乙作死作到死，跟雷电较劲，雷电很配合地送他到终点。

但是商帝国衰落的脚步却没有停止，再没有盘庚武丁那样的希望之星力挽狂澜，武乙以后三传，传到帝辛。帝辛，是商的第三十位帝。

帝辛成为新帝，殷都大骚动，外地闻风而动，周边原先进贡的国家也坐不住，纷纷来殷都打探消息，这一打探，他们也跟着疯狂起来，因为这帝辛：太——帅——了！

帝辛的相貌——相貌最好别提，不要说那些小姑娘们见了会疯狂，一把年纪的妇女见了帝辛也慌忙走开，她们担心自己把持不住会爱上他。长得帅也不算什么，谁年轻没帅过几天呢，即使没帅过，摔过也算啊。最不可容忍的，这帝辛就没有不知道的知识，这倒也罢了，最最叫人没法跟他同戴一片天的，是天底下没有他不会做的事情，还能给别人留一点活路吗？天文地理语言文学……学问到帝辛为止了。拿起一根指挥棒，乐团“崩崩崩，崩——崩崩崩，崩——”演奏出天籁般的曲子；放下指挥棒，“啊，我的太阳，多么辉煌……”颅胸腹腔齐共鸣，鸟雀都听得呆了，人来抓它们都忘了逃跑。帝国每个月有一次极刺激的娱乐项目，有点血腥，人兽搏斗，胜者为王。人没有兽的力气大，比如黑熊，为了公平，人持有一件短兵器。一个角斗士手持青铜短剑，面对咄咄逼人的大熊，脚都迈不开，成为黑熊的午餐是不可避免的了，帝辛看得气闷：至于吗！喝令：停！这一声“停”崩云裂日，黑熊也停下进攻的脚步向看台上张望，霎时间帝辛冲进围栏，叫武士退下去，武士把手里的短刀递给帝辛，帝辛却不理会，径直走向那头黑熊。黑熊发觉来者不善，抬起上半身，嘶吼着向帝辛扑过来，帝辛一套眼花缭乱的组合拳，打得黑熊晕头转向，瘫在地上起不来，帝辛也不追穷寇，等着它爬起来再战。黑熊果然爬起来了，但是灰溜溜钻进自己的笼子，还不忘伸开大巴掌关上笼子，现在它觉得还是笼子里安全些。另一个更大的笼子里是一头更大的熊，棕熊，棕熊看帝辛暴打黑熊，自己的熊胆也吓得破碎了，见帝辛看它，它慌忙低下头，两只前腿抱住脑袋，不敢再看他一眼。

打探消息的人回国，纷纷向自己的国王建议，立刻恢复向商帝国的朝贡，不但恢复，还得格外多给，补上从前欠缺的部分。早先商帝国衰败，这些国家早就不向商朝贡了。国王说：“为什么恢复朝贡，就因为他帅？”探子说：“帝辛几乎是个完人，过几年就可能成为圣人，圣人治天下，我们早晚得宾服于他。”国王不信，说再等等。这一等就等出了祸端，帝辛发兵，摧枯拉朽地扫荡了那些不肯臣服的诸侯国，玩深沉的诸侯国进贡的份额无端地翻了好几倍。

圣人的位子越走越近，可是有一个问题困扰着帝辛：圣人都不食人间烟火，不苟言笑，正常人的生活乐趣一点也不能有的，有一点就俗，那圣人岂不很无聊？叔叔王子比干说：“怎么能说无聊呢，圣人留名青史，万世瞻仰。”帝辛说：“万世瞻仰不需要，后世不骂我就可以了。”心里已经打定了主意：圣人我当定了，不过在当圣人之前，我要好好享受一次平凡人的快乐。

平凡人的最大快乐不外乎吃喝，吃喝的最高境界是酒池肉林，于是，帝都建起了酒池和肉林。夏桀鼓捣这东西耗尽民力，以致夏民吃不上饭，帝辛却很轻松，旬日之间一切就绪。帝辛和他的后，以及嫔妃媵嫱，还有太监宫女，泛舟酒水湖上，徜徉肉树林中，醉卧花丛芳最烈，觉来连盏酒更香，通宵达旦。帝辛欢呼雀跃：“从来没有这么快乐过！大家尽兴地玩吧，跳进湖里与美酒融为一体吧，明天这一切都将成为历史，只存在你们的记忆中。喝吧，吃吧，玩吧！”

帝辛发现一个不很严重但也必须解决的问题，这些酒和肉怎么处置，帝宫的人虽然不少，但要消耗掉那么巨量的生活资料也不容易，这些东西又不能存放，帝辛思考片刻，下令：“明天继续！”后宫的声色犬马连续几天几夜，不见结束的日期，因为酒和肉实在太多，除非变质，不然永远吃喝不完。

大事件终于被比干获知，比干劝谏帝辛：“从前夏桀搞什么酒池肉林……”帝辛连续几天喝酒，醉得不省人事，但对自己的打算还清楚，努力向叔父解释，快乐地放纵，仅仅一次，之后就是正人君子，叔父放心。比干眼看帝辛醉醺醺的不像要收敛的样子，劝他立刻铲平那所谓的酒池肉林，帝辛怒道：“铲平！那么多好东西，说铲就铲，说平就平？不行，我必须把它利用完！”比干让步：“那么，再有三天，不，五天，总该用完了吧？”帝辛愈加愤怒：“你居然给我限定天数日期，你那三天，五天，我可以理解为最后通牒吗？”比干再度让步：“帝喜欢就喜欢吧，不过最好别让外界知道，宫廷里的事情很容易成为民间谣言的材料。”比干步步后退，帝辛仍然步步紧逼：“我偏要让外界都知道！传令！”帝辛传令下去，明天，征集民间男女，到帝宫参加宴会。帝辛还决定，以后酒池肉林成为常设机构，随时往湖里注酒，往树上添肉。

第二天，征集的三千多人如约而至，这些人第一次到这么豪华的帝宫，可以这么豪迈地饮酒，这么肆无忌惮地吃肉，以为到了天堂。天堂的主人高坐台上，笑眯眯地看着这些人狂饮痛嚼，身边一群美女妖姬，最美丽的一个一会儿坐在他的怀里，一会儿吊在他的胳膊上，帝幸被折腾得极幸福：“妲己亲爱的，有啥好主意？”妲己说：“你看那些人，衣服那么破旧，与帝宫的华丽太不般配，不如这样，让他们天体吧，不假修饰的人体之美爽心悦目。”帝辛大喜：“好主意！”男男女女裸体相对，在树林间奔走嬉闹，极尽人间之所能，帝辛妲己却在台上鼓掌叫好。

帝辛当然知道不应该胡乱搞，但他更愤恨比干等人的磨磨叽叽，借进谏博取名声，其实用心险恶。你们知识见识才能，跟我比差得不是一里地二里地，至少我超出你们百八十里，哪有资格来劝我？你们不来劝，我自己就不干了，越劝，我越干！他知道，比干这样郑重其事的“正人君子”不少，他们一定会组团来进谏，让他们等着！他准备了各种刑罚，还发明一种“炮烙刑”，专门对付比干这样可恶的家伙。

稷·播谷者

小姑娘叫姜嫄，在河边割猪草，忽然看见一个大脚印，赤脚走在细软的沙地里留下的，很奇怪前前后后只有这一只，不知道这人是怎么行走的。脚印纤毫毕现，连“脚趾纹”都清清楚楚，三个箕两个斗，富贵命。一斗穷，二斗富，三斗四斗开当铺，五斗乞丐背花鼓。沙地上的脚印还能分清簸箕和斗？妈妈说，这孩子最近学会撒谎了，而且不脸红。姜嫄委屈得要哭：脚印那么那么那么……妈妈说，你别说了，我信你。那时候人们还没有大小长短的具体概念，形容“极大”的话，就得连续说十几个“那么”，后边加一个“大”。看来小姑娘没撒谎。姜嫄接着描述这个大脚印：“单是那一个大脚趾的长短，就和我一般高，大脚趾的坑像摇篮，我躺在里面睡了一觉呢，真温暖啊——可是妈妈，我有心动的感觉哎！”小姑娘有心动的感觉，莫不是怀春了，“有女怀春，吉士诱之”，很危险，以后得加些小心呢。

可是，姜嫄的腹部竟慢慢变大，好像得了臌症，百般调治，竟不见效，医生也表示束手无策，宣布她可以“带病延年”了，就是放弃治疗。小姑娘小小年纪，竟得这般疑难之症，令人唏嘘。也有人悄悄地提示医生：一个女人，肚子这么大，还没别的病，不是怀孕，还能是什么？你不要刻板以为她没结婚就不能生孩子，女娲没结婚，生了那么多孩子呢。医生说，你以为我没这么想过吗？我仔仔细细反反复复地号脉，询问观察她的身体变化，面相舌苔，完全没有怀孕的迹象，绝对不是！医生斩钉截铁地说不是怀孕，可十个月之后，姜嫄居然临盆，要生孩子了！处女怀孕，姜家上下一片恐慌，外加羞愧难当。不过这生出的“孩子”不是孩子，那是一个肉球球。姜老爹决定把肉球球丢到树林里去，偷偷摸摸拐弯抹角奔树林。姜老爹这不是谋杀，因为他只是丢一个椭圆的球球而已。不凑巧，树林里山呼海啸，正在伐木，这么浩大的工程，人山人海，躲开吧。投放到街巷里，就当那牛羊不小心丢下的死胎，可是牛羊纷纷闪避，不敢接触这个肉球。姜老爹最后放弃一切努力，随便把这个恼人的球球丢到结冰的河面上，奇迹发生了，一群大鸟飞来，围着这个奇怪的东西转，最后一只大鸟落下来，两只大鸟落下来，许多只大鸟落下来，轮流张开翅膀，护住这只“蛋”，看样子那是孵卵。孵了多少天之后，鸟飞走了，冰面上留下一串哭声——孩子正式诞生！

姜家现在才发现，姜嫄的人品没问题，她不是未婚怀孕，那个大脚印，原来是巨人的，巨人就是神人，他让姜嫄有孕，生出的就是神的孩子，这孩子也是神人，所以才有各种人和动物们的保护。姜家不再以之为羞，坦然地把孩子抱回家，精心抚养。因为当初想把这孩子丢弃，就取名为“弃”。医生这时也站出来说话，坚定支持姜嫄此前没有怀孕。

这位神奇孩子的出生与庄稼有关。很久以前，炎帝神农把草籽改造为粮食，他还培育了很多粮食作物，稻粱菽麦黍稷。春天播下种子，秋天分别收获，人们吃饭不再依赖从森林里打来多少猎物，可以在一个地方定居很久很久，只要这里有土地可以供栽种。可是神农的农作物产量都不高，而帝尧以来人口增长很快，人们感到了粮食的紧张。多年以后，帝尧十分感慨地说，弃就是天神派来解决人们的粮食问题的。

果然，姜嫄的儿子从小就跟其他小孩不一样，别的小孩做游戏，都是过家家，几个木棍搭个小房子，一个爸爸，一个妈妈，还用泥捏一个小小人儿，给他穿上衣服，哄他睡觉。弃的游戏很另类，他只喜欢栽种植物。种麦种豆，栽稻栽麻。最令人称奇的，任何农作物经过弃的手，生长得都格外茁壮，结出的果实丰硕饱满，更主要的是，穗大粒圆，比大人们田地里的果实大一圈还有零，仿佛这孩子能够给农作物“转基因”。姜家发现这孩子的天赋，为他建了一个植物园，实际是农作物试验场，弃在这座植物园做各种实验，把各种种子埋在地下或栽在地上，十分神奇，他的手就像“太空手”，一粒普通的种子，搭乘宇宙飞船到太空转一圈，回来播种，长成的果实都爆炸性地膨胀，豌豆像胡豆，胡豆像柑橘，柑橘像柚子，柚子像南瓜。各种种子经过弃的手，结出的果实也平白无故地变胖变长，弃的植物园扩大规模，成为种子培育场。凡是从这个实验场取的种子，产量都倍增于其他种子。弃小小年纪，就成为著名的农业专家。

帝尧获知神童弃的事迹，他很高兴，他正在为人口增长和粮食增长不成比例而苦恼，这个弃不就是上天派来帮助他的神人吗？他任命弃为农师，负责天下农事。弃的植物试验场再次扩大规模，成为帝尧的农田种子基地。这个培育场与很久以后不知来历的“蒙山都”不同，蒙山都的种子只管一季，农户每年都要向它购买新种子，不买它的种子，把去年收获的小麦播下去，麦种就不发芽，发芽也长不大，长大也不抽穗，抽穗也不结子，结子也不灌浆，灌浆也不成熟——没这么多“也不”，你要不信邪，敢把去年收获的小麦播下去，到秋天，你只会收获稀稀拉拉的几根草，其余，没了。弃的伟大在于，他的培育场发出的种子，世代传承，就像帝位一样世袭，子子孙孙无穷尽。

农师不但向天下的农夫发放种子，还实地考察各地的田地，根据土地的性质，决定该种植什么作物，年轻的农师走遍九州，确定各地农作物的栽种种类和品种，比如冀州的土壤和气候适合种植麦粱稷，兖州可以栽种芋头，还有小麦，青州适合种豆种瓜，扬州地域广阔，北部种麦，南部栽稻等等。

帝舜因为弃的大功绩，封给他一块土地，还给他取了一个形象的名字叫“稷”，这位稷，就是周的始祖。

古公亶父·惹得起也躲

稷担任帝尧农业方面的最高长官农师，功勋卓著，帝舜时论功行赏，稷成为诸侯，在封国有邰娶妻生子，然后，稷一直活到——活到死。稷的出生那么神奇，成长经历那么传奇，明明一位神仙，怎么会死呢？但稷还是死了，这证明从前那些关于稷的传说，都是神话，人们编出来赞美稷的，因为他那么伟大，只有把他赞美为神仙，才能表达对他的无限热爱。

有邰这个国家，传了很多代，历代有邰国王都担任大夏的农师，传到公刘。公刘父亲时，夏桀荒芜农事，取消农师这个职位，有邰国也废除了，公刘率领同族，连同有邰国的臣民，逃难到西方很远的地方豳，安家立业。豳土地肥沃，气候宜农，而且稷家族具有农业天赋，公刘很快就在这个地方发展壮大，远近的人民拖儿带女地投奔公刘。豳地远处西部边陲，夏帝国管不着，后来的商帝国也管不到，公刘家族历九代传承，到古公亶父。

古公亶父的豳国处在夷狄之间，周边都是游牧的牧民，牧民对身边这伙农民的行为深感怪异，他们不骑马，不打猎，也不放牧牛羊，那他们吃什么呢？这个问题困扰他们很久很久，在一个早晨他们突然明白了：这些人从土壤中找吃的！一块土地，他们七搞八搞，居然搞出一锅香喷喷油亮亮的米饭，神奇！更神奇的是这些人很有“钱”，钱是一种黄澄澄沉甸甸的东西，农民们缺什么，就用这“钱”跟人家换，张嘴咬下一小块，给人家，扛起一大袋子米就走，牧民们讲等价交换，这些人居然不讲等价交换。什么道理？后来他们知道这东西叫黄金，极为珍贵的，可以换来任何东西。

周围的蛮夷看着眼热，也想学学这些人的样子，但这也太难了，那些秧苗，跟它们的主人一样文文弱弱，从春到夏又到秋，大半年的时间，才把粮食搞到手，然后还要脱粒，去皮，粉碎，到厨房又是一大套繁琐的仪式化的工作，最后做成一碗米饭或一碗面条，三扒两扒，完了。所以，这些农民纯粹是闲得难受，想方设法给自己找点罪受。我们，骑上马，跑出几里地，一只黄羊就主动地送上来了。回到帐篷，剥皮去内脏，上锅煮，架火烤，略加盐豉，登时肉熟，左近邻居，远道路人，不分彼此，济济一帐篷，其乐融融。剩下来那许多工夫做什么？爱做什么做什么，绝对自由，没有人逼着你去做工作，也没有工作等着你马上去完成。这才是人的日子。比如老虎，吃饭以后，还有别的事情要做吗？只有牛羊，不停地吃草，它们为什么要不停地吃草，为老虎吃它们准备材料呢？蛮夷虽然不习惯思考，认为思考这档子事，也是这些种地的家伙无事生非鼓捣出来折磨自己的。可是思考到这个阶段，居然获得了若干灵感：这些人整天勤勤恳恳，庄稼收割了也闲不下来，整天跟牛羊一样奔忙，可不就是牛羊吗，他们就是我们的牛和羊！这一番论证，给他们找到了强大的理论靠山，他们决定抢那些人的财富，特别是他们的黄金。

蛮夷的马队冲进古公亶父的领地，刀光闪耀，令人胆寒，蛮夷们叫道："要钱不要命，要命别藏钱！"蛮夷说话很费解，但意思能猜出来，前一句说自己，抢钱，不杀人；后一句对农民们说的，拿出钱来，饶你不死。农民们手无寸铁，镰刀镢头哪里是大刀长矛的对手？再说，农民们只会做农活，柔情蜜意地伺候那些禾苗，根本就不会打仗，更不用说杀人。面对蛮夷的马队，农民们束手无策，其实蛮夷们的恐吓纯粹多余，谁敢反抗，谁又能反抗？蛮夷们翻箱倒柜，清扫一遍，黄金虽然没找到多少，别的财物却很可观，驮上马匹，扬长而去。

被洗劫的农人们请古公亶父拿主意。那些人还会再来，需要预做防备。古公亶父沉吟道："我们的人有伤亡吗？"答曰"没有"，没敢抵抗。

古公亶父道："那就没啥要准备的了。"意思是任他再来抢。大家不同意，说我们的人很多，蛮夷们仅有几匹马几把刀，被小小的蛮夷欺负还了得，要报复。我们不去掏他们的老窝，但他们再来可就别怪我们了，只要大王一声令下。古公亶父说："我们的财富很多，他们抢走一些，不影响我们的总产值，破财免灾。"大家虽然不高兴，但古公亶父的话大家都听，回去好好干活，热火朝天唱起歌："加紧生产，努力苦干。猃狁猃狁，再抢一遍！"蛮夷部族的名字叫猃狁，他们听农民这般唱歌，十分疑惑，以为是诱敌深入的计谋，但看这些农夫纯朴的样子，哪里藏得下所谓谋略？过几天又来抢。农夫们虽然加紧生产，努力苦干，土地积累财富却是需要时间的，春天苦饿季节，能抢到啥东西？劳民伤马的极为不合算，再后来他们就精明些，每到秋天，就来抢夺一场或几场，农人们更勤奋地加紧生产，努力苦干，补上损失，豳国的人们仍然很富足，也很欢乐。

蛮夷们大惑不解，莫非他们的土地有魔力？主意已定，发兵来夺豳国农民的土地。

古公亶父召集国民开会讨论对策。国民认为，蛮夷一向欺软怕硬，我们早就该打击他们。古公亶父问："打仗是不是会死人？""那当然，不死人不是打仗，那是狗扯羊皮！""谁去死？""那没办法，死亡概率，赶上谁战死，就谁死。"古公亶父道："这是一个悖论，都知道打仗要死人，也都希望死的不是我自己，那谁去死，当然别人死，为国捐躯。让别人战死，我享受生活生命，所以战争是最不可饶恕的罪行。还有，我鼓动你们去战斗，保卫的，主要是我的王位，我不要你们大家流血牺牲保我的王位，与其死许多人保卫这个国家，保我这个王，我宁可不要这个王！你们留下，蛮夷也是人，天下王都一样，你们就做他的臣民吧，交税服劳役，给我给他，有区别吗？"会议结束，古公亶父带着自己的直系家族几百人，向东方迁徙，目标岐山下。

古公亶父刚刚到达岐山地区，豳地百姓也陆陆续续都跟来了，他们不愿离开古公亶父，更不愿意放弃自己华族的身份，改做蛮夷的臣民。周的祖先就这样在岐山下扎下了根。

文王·韬晦

太伯仲雍为了让三弟季历继承王位而出逃，太伯和仲雍也是过分小心，其实他们的出逃计划天下人都知道，几乎是公开的秘密。而且太公和他的朝廷从来没有动过把他们请回来或抓回来的念头，太公欣赏甚至感谢两个儿子的“避难”行动——这为他解决了多大的难题。

太公不久驾崩，三儿子季历继承王位，季历果然贤能，政治平稳过渡到昌。商帝国封昌为“西伯”。

西伯忙，忙得每天每时每刻都脚打后脑勺，他说：“这个世纪什么最重要？人才！”人才需要招揽，不招揽谁来给你当人才？天下是商的，可天下的人才都聚集到周国，簇拥在西伯的周围。西伯吃饭，一口饭刚扒进嘴里，门卫来报：人才来啦！人才求见！西伯告诉过门卫，人才求见，不准耽搁，立即通报。所以大门口“人才求见”的口号彼伏此起。周公这口饭，嚼的却是牛蹄筋，这要嚼得仔细，咽下去，那得多长时间，对人才太简慢了！西伯果断地吐出牛蹄筋，乐颠颠地跑出门去接待“人才”。名讳？贵庚？有什么要求？职称？人才满意而去。嗯？牛蹄筋味道不错，再来一块。“人才求见！”大门口又叫起来，这牛蹄筋紧慢哪里嚼得仔细，嚼不仔细就咽不下去，咽不下去就吐出来呗。接见人才，名讳？专长？简历？希望什么职位？人才满意而去。牛蹄筋再拿来！越嚼越有滋味呢……“人才求见！”几次打断嚼牛蹄筋的事业，他这顿饭根本就吃不成！

所有的人才来周国，全都心照不宣，说出门访学去，避开“周”字，访到周国就不走了。但是大批人才奔周，形成向西涌动的人才潮，终于引起另一个诸侯崇侯虎的注意，人才流动我没意见，但是大批人才跨境而过，都向西，没有向东的，这不正常！崇侯虎向帝辛举报，说西伯招兵买马，蓄有异志。帝辛防微杜渐，下令让西伯到朝廷任职，等于把他看管起来。

帝辛爱美女，身边美女如云，但帝辛更爱妖女，妲己这样的妖女更得帝辛的欢心。九侯的女儿很美，被帝辛收进宫中，可是不幸，她又很贤淑，悲剧于是发生。帝辛带着这女孩儿和其他嫔妃，在酒池肉林参观游览，妲己提出很荒唐的裸游建议，帝辛居然批准，那三千人的裸体大宴会，丑态岂不千姿百态？帝辛和妲己看得兴高采烈，九侯的女儿却羞得捂住脸，帝辛不悦，你不喜欢，我喜欢，就显得我庸俗低级了是吧？成全你！可怜九侯的女儿，竟被帝辛处死了。九侯小心翼翼地来问，我的女儿犯了什么罪？我收尸回去行不行呢？帝辛说，你请求收尸没问题，问我她犯了什么罪，就是质问，不行！跟你的女儿到地下团聚吧！杀了九侯还不解气，又把他剁得零碎，做成人肉酱，送给诸侯。诸侯吃了，忠臣；不吃，反动派！鄂侯坚决不吃，帝辛说，不吃，你也变成肉酱吧！人肉酱送到西伯办公室，西伯对肉酱说："兄弟，对不起了。"含着眼泪咽下九侯。恰这事又被崇侯虎发现了，他再次举报西伯："西伯叹息九侯之死！"他为什么不说西伯流泪，却揭发说西伯叹息？他向帝辛说，流泪那是情感表达，叹息却是政治态度。叹息和流泪，有这么大的区别吗？那时候人们的想法很特别。

他居然叹息！帝辛大怒。不过西伯毕竟没说话。古代对于犯罪的处置标准总在变，有时候主张行为犯罪，有时候主张言论犯罪，至于不行动不说话的思想犯罪，这名词还没出现，大家明明知道西伯思想有问题，但你拿他没辙。帝辛说，谁说我没辙？逮捕西伯，关进笼子，笼子又放进地窖，打进死囚牢。

西伯招揽的贤才善于出奇计，他们到各地淘换宝贝，奇珍异宝，奇珍异兽，竟然把长颈鹿也搞来一只，献给帝辛，称它为"麒麟"。帝辛看着这些好东西，嘴巴都合不拢，中间人问："可以释放西伯了吧？"帝辛的嘴巴还没合上呢，听人问话，赶紧用手托起下巴，嘴合拢了，说："可以了，可以了，这些宝物，有一件就可以释放西伯，何况这么多，监狱里还有谁，跟西伯沾亲带故的，一起放出去，放出去！"帝辛还很讲信誉，多收了人家的礼品，就要相应地多办事。

西伯回到周国，仍然小心谨慎，韬光养晦。周王处事公平，周边的小国有问题，也来找西伯评理决断，周国居然成了国际仲裁国。虞国和芮国因为争夺一块土地的所有权，相跟着到周国，请西伯公断，一进入周国境内，气氛立刻变了，连空气都弥漫着谦让的气息。这里田地的边界宽得可以走轩辕的大车。绝对不会发生田垄院墙等鸡争鹅斗。全周国人人谦让，尊老爱幼，说话彬彬有礼，不随地吐痰。周人认为随地吐痰这些事虽然算不上很丑陋，但毕竟属于个人私密，当众打哈欠打嗝剔牙剪指甲擤鼻涕吐痰，都是不雅的行为。所以在公开场合，人们整洁干净，言语温和得体，显得修养深厚。两个国君看得呆了，这就是周国，周国居然这个样子！我们为那个破东西争来争去，人家周国人凡涉及利益的事情都让来让去，我们的争让他们知道，嘲笑也把我们嘲笑死了，回去吧！两国国君回去，各自倡导本国人民的文明风气，两国也互相谦让，边界上谦让出一条康庄大道。

西伯送的礼物多得叫帝辛不知道怎么办，最后决定给他额外的权力，专征，不需要请示帝国朝廷，就可以征讨那些有罪的国家，有没有罪，什么罪，也以西伯说的为准。帝辛还把告密者告诉了西伯："我对你没啥看法，崇侯虎几次向我揭发你图谋不轨。"西伯利用专征的权力，先后征讨犬戎、密须、耆国。商的大臣祖依听说西伯连着消灭三个国家，虽然都是蛮夷小国，但这苗头也不可轻视呢，赶忙向帝辛通报这一紧急情况。帝辛很镇定："这都是蛮夷小国，无关紧要，何况我已经授予西伯专征专讨的权力。"接着说："我才不担心，我上应天命，他再能，还能比天能！"第二年，周灭邘国，这是华族的诸侯国了。第三年，灭崇侯虎，这是华族的大国了。几次征讨，帝辛完全丧失了主动权，对周国无能为力，它爱打谁就打谁吧，只希望西伯别直接进攻朝廷的直辖地区。

武王 · 自家兄弟才放心

西伯昌驾鹤西去，儿子发继承王位。新西伯坐拥老西伯的财富，踌躇满志。这个“财富”就是三分天下，周国有其二，商帝国已经徒有其名。帝辛知道自己早已不是周的对手，无奈只能龟缩在朝歌城里，对那些手无寸铁的百姓们作威作福。越穷途末路，越要把威福发挥得淋漓尽致。比干劝谏帝辛收敛一下放肆得没边际的荒唐，帝辛居然逮捕箕子，逼走微子，把比干挖心，对死心塌地拥护商朝廷的同族下此狠手，断绝自家的命脉。帝辛丧心病狂，朝歌的朝廷几乎空无一人，除了那些阿谀逢迎的无聊小人。武王号召天下诸侯起兵伐纣，颠覆帝辛政权。诸侯八百，再度汇聚孟津，一举攻破朝歌。帝辛再也无法蜷缩在宫中做鸵鸟，他仔细地梳洗打扮，穿上上朝的礼服，点火焚烧一座楼，为自己殉葬，然后跃入熊熊烈火中。这是帝辛晚年做的唯一正确的事情——把自己送到死路上去。帝辛死后，周人根据他一生的行为，给他定一个贬义的名字：纣。古书说，残义损善曰纣。

武王灭商，天下欢欣鼓舞，庆祝解放，商纣的暴行一桩一桩被揭发出来，百姓切齿痛恨，商纣残暴，令人发指，我们居然被他残酷压迫这么多年！说起商纣，大家都字字血声声泪，仇恨满胸膛。可要问起来，商纣把你咋样了，却又谁都说不出来，商纣离他们太远了。帝辛作死作活，范围实在有限，他只能在京畿地区胡闹，他倒是想把胡闹推广到诸侯国去，在全天下搞一场大运动，可他没那个条件，天下三分，他仅能管制三分之一，所谓管制，也仅仅每年接受一次朝贡，诸侯们送来一些未必实用的东西，橘子柚子之类。那诸侯为什么那么痛恨他，想叫他灭亡？这得力于周国的宣传，周国的宣传文案由师尚父亲自制定，核心主题是妖魔化帝辛，让他万年不翻身，万年不翻身不翻身，万年以后再说，眼前要让天下都知道帝辛是大大的暴君。太公的宣传工作圆满完成，诸侯国一致认为，帝辛必须让位给周国国君，文王，或武王。

武王没有辜负诸侯们的期望，大军一到，商军土崩。有人说，这一场血战十分激烈，血流漂杵。其实哪有那么大的战斗，出战的没有一个王族，王族早被他折腾没了。以罪徒为主体的商军阵前倒戈，这场战斗还没战，就结束了。这符合太公的预期，他为什么迟迟不攻打商，他让商自己消耗。打仗就要杀人，所以最好不打仗。

伐纣战争全胜，武王谋划另一项工程：天下一家，都姓周。

夏帝国和商帝国，虽然名义上天下一家，可这“一家”，实际相当于“联合国”，每年开大会，开完了各自回国，该干啥还干啥，想干啥就干啥，“联合国”想干点啥事呢？没门儿，他想干啥就绝对干不成啥。除非他不想干啥了，才可能干成点啥。所以夏启的夏帝国和汤武的商帝国，充其量是一个较大的诸侯国而已，它可以派出一个团队到各地视察，指导工作，“稷，你去考察各国的土地，看看都适合栽种什么庄稼。”稷所到之处，欢迎之声盈耳。“稷，你去把各国的土地都没收了吧，归中央统一耕种！”稷可能就回不来了，不是可能，他肯定回不来了，没有一个国王会乖乖地把土地交出去，眼看着土地标注上大商的旗号。

武王决定改变这个格局，灭商之后，武王召集参与灭商的八百诸侯开会，武王在大会上作震撼人心的演讲：“革命成功了。我们这次革命是真正的革命，汤武革命不彻底，汤武革命只推翻了昏君夏桀，从夏启以来的社会制度没有变，所以，夏桀之后又有了商纣。为了彻底消灭夏桀商纣产生的土壤，我们的革命不能停止，要继续革命，继续革命就要革除我们自己的私心杂念。现在，我们要建立一个完整的周天下，诸侯们把土地所有权一律上缴，由中央统一再分配。”武王的话引起诸侯的震撼，真是太震撼了！跟你伐纣，有功不赏，反而把我们的领土剥夺了？武王的话还没完，“我说的再分配，也就一个形式，怎么才算天下一家呢？就这个形式。先在形式上统一，然后再分给你们，你们要这个国干什么呢？也不过是收取赋税，这个细致繁琐的工作，中央替你们做了，赋税中央留一部分，其余全部交给你们，你们身在中央朝廷任职，还享受诸侯的待遇，又省心，多好！国家还是你们的国家，人民还是你们的人民，军队还是你们的军队，一切都不改变。”一些诸侯热烈拥护这项提议，这些诸侯势力很强大，他们的意见具有决定性影响力。再说，武王说国家仅仅形式上变一下，其实还是原来的国家。虽然觉得武王的这番讲话好像藏着一点阴谋，可是又找不出它藏在哪里，那就随众吧。各国诸侯纷纷把国家证书上交周武王。灭商以后，周王发认为“帝”这个号名声不好，帝履癸，帝辛，听名字就想到帝干的坏事太多，决定不再使用，天下共主称“王”，现在的共主就是武王，朝廷还追尊西伯昌为文王。

朝廷分封诸侯。从前的诸侯自下而上产生，某个土豪开边拓土，成一个国家规模，就向朝廷申请封号，朝廷准许，发给他一个证书，他每年给中央进贡。现在的情况是，天下土地都在周王的手里握着，诸侯要从周王手里接过证书，才正式算诸侯。这证书代表这土地，和土地上的人民，这是自上而下的赏赐。我的国，交给你，你再给我，就是赏赐，诸侯们说：“哦，这样啊！这不脱了裤子放……”一个申请，一个赏赐，土地还是那块土地，内涵截然不同。追随武王伐纣的诸侯八百，武王分封诸侯七十一个，没分封的诸侯守在京城，在各部门任职，中央随时可能分封，等于诸侯的帽子在中央留着，啥时候给他戴上，不一定。

周武王分封的原则，弟兄子侄优先。七十一个诸侯中，属于王族姬姓的五十三人，王族占七成半，余下的二成半，有功臣，有前代王族，还有一些历史望族。因为仰慕西伯清明政治而“访学”西进的学者名流，不在这分封之列。武王的意思非常明确，汤武革命，周武伐商，没有诸侯挺身而出抗击“叛军”，因为诸侯都是外姓人，不肯帮助朝廷，如果诸侯同姓的弟兄子侄，中央有难，一定都能出兵勤王。

七年之后，武王驾崩，死前告诉太子诵：“那些帽子，都给他们戴上吧，你没有根基，难以服众，用分封诸侯笼络他们的心。”太子即位，为成王。成王分封诸侯三百多个。但随同伐纣的八百诸侯，有五百多个被周用简单的手段彻底剥夺了国家。

厉王·钳口令

武王建周，周公成周。兄弟同心，其利断金；同心之言，其芳如兰。周实行嫡长子继承制，仲叔季之类就别想了，这也有好处，省去选择继承人的麻烦，也有问题，嫡长子如果有缺陷，就不好办。即使他不全傻，半傻不傻的，也够呛。不过周王室运气出奇地好，嫡长子真的没出过傻子，所以武王以后，父死子继，传到第九代，到太子胡。

太子胡顺利继位成为周王，新周王长得没毛病，言谈举止没毛病，风度礼仪也没毛病。没毛病还要说这些干啥，说这些意味着他有毛病。他的毛病外表看不出来，当上王才彻底暴露：贪婪。贪婪是一种进行性的病，会越来越重，这种病还组团发作，并发症一大串，核心症状是虐和残。

王从太子升格为王，兴奋地对大臣说："我是王，现在这全天下都是我的了吧？"这话说得没错，听起来也将就，可总觉得有点……猥琐。大臣为王补台，而且补成天衣无缝的样子，大臣说："王富有四海，囊括天下，草木鸟兽，皆沐浴浩洋王泽。"王却不领情："我要那些鸟兽草木干什么！我要的是钱，钱，钱！"这话是今天人们想象着替他说的，那时候还没有"钱"这东西，王当时气急败坏说的是"蝇砸，蝇砸，蝇砸"，王出生在关中，关中口音，把"银子"说成"蝇砸"。

这一连串的"蝇砸"把大家砸蒙了，王怎么这样赤裸裸？王这么爱银子，以后怎么跟王处事？大家心怀鬼胎，气氛就有些尴尬。但朝廷总不会缺蛔虫的，这些蛔虫未必藏在王的肚子里，却能够熟悉王的边边角角，其中一条蛔虫叫荣夷公。荣夷公是诸侯国荣国的侯，在中央任职，听王说“蝇砸”，心里飞快盘算如何为王迅速而且大量地弄到银子，增加税收固然最便捷，可是太慢，也有限，你就增到什二什三什四，也还是既慢又少，而且还会引起民众的不满，咋办呢？此时，荣夷公的脑子里出现了一座座金山银山……突然，五雷轰击荣夷公的顶门，他的脑袋炸裂，蹦出一个好主意：山林税！

农民种地吃饭，可是庄稼地里只提供粮食，不管烧柴，要吃饭还得上山打柴。打猎的，挖笋的，捡蘑菇的，采药的，放牧牛羊的，伐木采石盖房子的，进山旅游看风景的。靠山吃山，没有山，人们真就没啥依靠了。荣夷公把山林封闭起来，在入口处建一个简单的小房子，门口挂一个牌子：收费站。凡是进山的，都要交税。山林河流，从来无主，不属于哪个土豪，也不属于王侯将相，它们出产一些东西，供人采用，显示上天的仁慈之心。打从上古，从来没有帝和王收山林税。山林那么宽广，换一个地方，但所有的进山口都有收费站，村民绕开收费站钻进去？荣夷公早就防备这一手，他派军队巡逻，抓住钻山的就地处决，你们哪，乖乖地回来交税吧！

这个办法果然有效。银子源源不断地流向王的银子库，王检阅这些银子，看它们每天都会增多，心里舒坦极了，每天迎宾曲开库房，进行曲检阅银子阵，摇篮曲上床睡觉，一天天过得非常充实。知道库房的银子越来越多，有的大臣就打这些银子的主意，要用这些银子维修或翻盖官衙门，政府部门的衙门年久失修，漏雨透寒很严重。王惊讶道：“这是我的蝇砸，要维修办公室，向国库申请啊！”原来仓库里那么多银子，都是王的小金库，私房钱。王要这些钱有什么用处吗？看不出来，王的饮食很简约，穿着嘛，除了朝服，没见过他穿过自己的衣服，他在寝室里也穿朝服的，他就没有花钱为自己做一套便服。后宫的消费也不多，再说，后宫也没有几个人，太监们闲得难受，几次向王要事情来做，递个洗脸水啥的，王很无奈地告诉他们，实在没有事情给他们做，实在闲得慌，就把那座屋子拆了吧，拆了再盖，盖好了再拆嘛。

因为后宫的女人少，太监的事务就很少，王极力裁减后宫的冗员，最后他发现除了皇后，别人全都多余，可是前朝的习惯如此，他也不好遽然改革，只好做有限的改动，保留几个妃子宫女。人们对王不近女色十分称赞，相较于商纣宠爱女人导致灭亡，王的作风令人赞赏。但王私下说："那么多女人，平时发放工资那得多少钱！"太监们极力争辩，希望多来一些女人，他们的工作才显得繁忙，于是向王解释说："这些女人的工资以及生活费、脂粉钱，都由国家发放。"王说："国家的钱，还不是我的钱！"这时他又把国家财政与他自己的小金库一体化了。皇后看着王老公有这么多的钱，很眼热，旁敲侧击地想跟老公要一点零花钱，老公千难万难，从银库里取出两锭银子，王后嫌少，王说，这上面刻了很多字的，这面刻着五两，那面五两，左面五两，右面还有五两，六个面，六个五两呢。王后说，六个五两，归根到底也还只有一个五两银子。王继续开导王后，你把它举得高些再高些嘛。王后说，举得再高，也五两。"你攒了这么多的银子，怎么花？"王极为惊讶地看着王后，好像不认识他了，"什么话，这是王后该有的见识吗？什么叫花银子？蝇砸，是用来收藏的，怎么能花出去呢！"

王疯狂敛钱却不花钱，这事被当成笑话在京畿和诸侯国流传，还编成许多心酸但看似快乐的小段子。人民被王勒揹得紧，互相传说这些段子，苦中作乐。可是这些段子终于传到王的耳朵里了，王大怒，派出大量的侦缉队，化装潜伏在街市城乡，听见有人在说王的段子，立即逮捕法办。因为说话被收监，此事体闻所未闻。王很得意："闻所未闻，我就叫你们见上一见！"召公着急，急急地来见王，没等召公说话，王得意地说："你不用那么着急，事情已经平复下去了，我已经把那些乱造谣言的人抓起来了，现在人们再也不敢瞎说八道。"召公说："他们不说话了，见面连招呼都不敢打，可这样压制言论，就跟把大江大河堵截起来一样，总有决口的时候，那时，就不是说说怪话造造谣言这么简单了！"这召公一向危言耸听，每一项决策他都坚决反对，虽然是王的同姓，却跟王不一心，还不如人家外姓的荣夷公呢。"我知道了，你想说，防民之口，甚于防川。但我不防能行吗？任由他们传播负能量？你回去吧，我得看看我的仓库去。”

被堵截的舆论河流，终于冲决了王苦心经营的“拦河大坝”，王被迫流亡到很远的地方，仍然被暴民折辱致死。暴民打开王的仓库，王三十八年累积的“蝇砸”，刹那间无影无踪。

王暴虐残忍，无视人民，死后被谥为“厉”。

平王·平平之王

宜臼的母亲是申侯的女儿，作为幽王的老丈人，申侯与幽王属于命运共同体，一损俱损，一荣俱荣。幽王虽然长期宠爱褒姒，冷落申后，可无论如何申后是正妻，名正言顺的王后，所以申侯坚决不允许有人质疑王的绝对权威，提意见也不行，阳仲甫在朝堂上展出一篇长诗《抑》，围绕这篇大字报诗歌，朝廷展开了声势浩大的大辩论，核心是作为王的臣民，应该以什么方式支持王。阳仲甫这样冷嘲热讽、讽刺谩骂，挑战王的权威，是什么行为，申侯一派果断认为，对阳仲甫这样的叛徒，应该朝廷共讨之，国民共诛之。

风云突变，幽王突然废掉太子。子贵母也贵，子贱母也贱，申后的地位不保，幽王立伯服为太子，册封褒姒为皇后，随即贬申后回娘家。因为申侯"歌德"有功，所以对废黜的王后格外开恩，不然，被废黜的王后一定死得很惨，王宫里有很多惨无人道骇人听闻折磨废后的方法。其实，也不全因为申侯善于歌德，申国势力不小，幽王不想过度刺激申侯。现在申侯不再唱爱国爱王的高调，他积极主动地与虎视眈眈的犬戎联络，说周天子无道，万民皆怨，用烽火戏弄诸侯，弄得众叛亲离，趁此时攻破镐京，"利益大大的有"。蛮夷人说汉语，谓语倒装，申侯的意思，犬戎攻破镐京，会有很多意想不到的收获。周朝奠基五百年，不用说它攒下的银子，光宝物就不计其数，几十辆大车需要运几年，大王不动心吗？狼主听了申侯一番话，心里冷笑，脸上微笑："那咱们干上一票？"申侯说："当然干啦！这好机会，谁不干谁傻瓜！"狼主说："我带着精锐打进镐京，幽王和你给我玩个空城计，把我们包了饺子是不是呢？"申侯急忙申辩："空城计，怎么可能？镐京城那么大，我们怎好用全城人的性命赚取你一队骑兵？"狼主对中华文化颇有研究，不但知道"包饺子"这种战术，还知道"空城计"，很可能蛮夷们经常施行这种诡诈弄险的计谋。申侯听了狼主的话大惊，更大失所望，从前总说阳仲甫卖国，阳仲甫怎么把"国"卖出去的不知道，现在轮到我来卖国，竟然卖不出去了！听狼主的语气，明显对我不信任，怀疑我来施反间计。这事闹的，卖国不成，可能要把自己给卖出去了。

忽然，从镐京传来的情报说，幽王为了让褒姒开怀大笑，已经用举烽火戏弄诸侯三四回了，诸侯现在已经丧失了勤王的热情。狼主得报大喜，急召申侯计议："申公，我们决定了，干他一票！"申侯喜出望外：这次终于把"国"卖出去啦！

幽王再举烽火，诸侯观望不动。镐京的武备几乎等于零，阳仲甫等唱衰派组织家丁，会同镐京长期没有训练也几乎不发给养的卫戍部队，匆忙上阵迎敌，作无效的抵抗。犬戎横扫这些所谓"军队"，阳仲甫和他的家丁们被犬戎军吞没，幽王逃到骊山，仍然被犬戎杀死。褒姒被俘虏，伯服不知所终。

诸侯得知这次烽火信号是真的，迅速集结勤王，先后到达镐京，时间这么久，犬戎已经把镐京抢掠干净，目的达到，退兵西去，留下一座空城——镐京不但财富被抢劫，城里人也所剩无几，犬戎把这次进攻当作实战演习，镐京人做了他们的活动靶子，射箭，砍杀，镐京血流成河。

"歌德"派卖国贼申侯成了大赢家，女儿申侯恢复王后的位置，但她现在是王太后。外孙宜臼恢复为王太子，他现在是周王，申侯本人，当然是"王外公"。宜臼成新王，但人们总觉得这个王来路不正，父亲是被犬戎杀的不假，犬戎的"带路党"却是他的外公申侯，那么就等于废太子间接杀害了幽王，然后自己登基称王。这顶帽子压在他的头上沉甸甸，呼吸困难。宜臼生性平庸，在位五十年，少有建树，死后人们称他"平王"。

平王第二年，决定将朝廷东迁洛邑。东迁的原因非常简单：镐京实在不适合再作都城，全城瓦砾成堆，人烟稀少，真正的“国无人”。还有一个原因，就是避开西部蛮夷的侵扰，新都城远在洛邑，西边的犬戎等蛮夷还不具备长途奔袭的能力。至于东迁后留在镐京一带的华族百姓，对不起，王顾不得你们，天下最重要的安全是王的安全，这事天经地义，说“对不起”，那是后世人们替平王说的，平王就没有想到还有这个问题。他的迁都建议遭到一些大臣的反对，大臣们坚持“天子守边”，身在西部边陲阻挡蛮夷的侵扰，这叫身先士卒。但平王坚持，迁都完成，开始了“东周”时期。

由于平王有弑父的嫌疑，王室的名誉严重受损，平王以后，王的地位下降，不再具有号召天下诸侯的能力。相反，诸侯可以召唤王前来开会，开会的情景很怪异，台下坐着一大片诸侯，这是会议的发起人召唤来的，与王一点关系没有，但王盛装坐在台上。台上的王不时向台下的诸侯询问：“现在开会？”诸侯点头，王说：“现在，开始讨论惩治僭越王位的楚子的问题，请晋侯讲话！”晋侯是这次大会的实际召集人，他趾高气扬走上主席台中央，周王蜷缩在一角，谄媚而谦恭地听晋侯讲话。

但晋侯的作威作福也不能持久，几代晋侯以后，他的家臣以同样的方式招待他，晋侯在台上说：“现在请韩大夫讲话。”韩大夫趾高气扬走上台，晋侯以谄媚和谦恭的神色听韩大夫作指示。一百年间，完成了乾坤大挪移。不过现在分别压迫晋侯的有四个大夫，四大夫瓜分晋侯的家底。不久，四大夫之间也起了内讧，三家联合灭掉另外一家，分别建成韩赵魏三国，各自称王。

此消彼长，诸侯和大夫先后称王，周王自知斤两，主动自贬王号，称“君”，比王降好几个等级。萎缩的周君不甘寂寞，王室自己再闹分裂，分为东西两个君，把小小的京畿地区分裂为两个“国家”，互相攻打，岁无宁日。西周君参与诸侯合纵灭秦的计划，攻秦，惨败，西周君亲到咸阳，向秦王献上全部国土和城池请降，秦接受了，遣送西周君回国，一个月后，西周君抑郁而死，西周国亡。战国末年，东周君参与合纵伐秦，秦庄襄王以吕不韦为大将，起兵十万，俘获东周君，东周国亡。

始皇帝·“始”皇帝

秦王嬴政灭了山东六国，立名号为“始皇帝”。这位大皇帝遥望宇内，瞻瞩历史，无论怎么看，自己都是“开始”，名副其实的“始皇帝”。始皇帝第一次把“天下”统一为一个大帝国——秦，第一次把中华各地区组织为一个政治实体，第一次修建贯通全国的“高速公路”——驰道，第一次修建了保护整个北方边疆的军事要塞和边墙，第一次整齐划一全国的文字、语言、货币、度量衡。相比于从前的“中国”，秦帝国才是真正的中国：全国三十六郡，郡守县令由皇帝直接任免。而从前，就说商汤和周武吧，他们的所谓“一统天下”，只是名义上的，各诸侯国独自为政，“天子”管他们不着，连三年一朝贡，诸侯王都懒得来，派一两个小官，送几只鸡鸭了事，有时连这也免了。至于尧舜禹，那时候连个虚名也没有，于是始皇帝八面威风，喜洋洋不自胜。

始皇帝的最后一个“始”却是悲剧性质的：第一个二世而亡的朝代。夏、商、周三代，延续两千年，第四代秦帝国却只有十五年的寿命，其兴也勃，其亡也忽。发扬蹈厉，不可一世的秦始皇帝，在完成天下大一统的大业之后，忽然鲁钝异常，行事乖张，竟然不会说话，不会做事了。这种情况只有一种可能：他被一种特殊的意识形态控制了。这个特殊的意识形态，就是对邪术的痴迷。

问题源自始皇帝的年岁。始皇帝登基二十六年，当公元前221年，天下大定，皇帝安顿下来，就想起今年已经四十岁。五十，六十，已经听得见催命沙漏的唰唰声，就算伟人可以长寿，黄帝三百岁，彭祖八百岁，但也还是得死，当今始皇帝，勋业盖过先王，按理应该万寿无疆，顶不济也得超过彭祖。主意已定，皇帝决定再创造一个“开始”：派徐福前往海中仙山，与神仙一晤，求得长生秘诀，就算是秘诀未必肯轻易到手，蒙仙人赏赐些长寿药也好。谁知徐福有辱使命，不知是船沉海了，还是这家伙怀有野心，到海外“另立中央”，总之这一去，断断地没了消息，始皇帝是何等人物，岂能言败，于是再派博士卢生，还有韩终、侯公、石生一干人再度出海。燕人卢生颇为能干，居然回来了，还带来了仙人的预言，虽然与长生药无关，却关于国家命运，原来仙人预言“胡”将灭亡秦王朝，皇帝大怒，发三十万大军击胡，匈奴被迫逃亡漠北，胡人的威胁解除，皇帝回头再求仙方不死药，把重任再次交付卢生。

卢生在中央任博士官，主管文化的，这倒也罢了，给皇帝帮忙帮闲而已，问题是他并不满足于帮忙帮闲，他的奋斗目标是让别人为他帮忙帮闲，直接说吧，他想取代始皇帝，跟项羽、刘邦一个心思。预言胡人亡秦，想让皇帝与胡人两败俱伤，他坐收渔人之利。不料皇帝太强大，胡人又太不争气，竟不堪一击，现在皇帝更强大了。但卢生不愧是博士，不久又计上心来，调动三寸舌游说皇帝，他说：“我们几位方术同志常年寻求长生不死药，总是找不到，为什么？有阻力，恶鬼邪魔挡道，特异真人不敢来，仙人们说了，皇帝您得把自己藏起来，不让那些爱管闲事的大臣们知道你的行踪。大臣和众百姓与神仙势不两立，您想见神仙，就别见大臣百姓；不离开大臣百姓，那就别想见神仙。您整天忙叨叨的，政务缠身，心一点也不平静，这不行，您应该什么事都不管，神仙药立刻就能来到。”

这一席话若是让大臣们听到，一定控告他个谋反罪，让皇帝不理政务？可卢生只对皇帝一个人说，而皇帝此时正被白日飞升长生不老与仙人同游之类的花哨理论迷惑了心智，竟对此深信不疑，还下诏书：“我很想成为真人，虽然现在还不是真人，但我不妨先这么叫着，从今往后，我自称‘真人’不称‘朕’了。”为了隐身，把分布在咸阳城二里内的政府各部门办公楼用封闭的通道连接起来，这样，他巡视各部门就没有人看见他。于是漫山遍野都是“复道”，那是专供皇帝行走的，从高山上远远望去，复道密布于城区，绵延于山岭，煞是壮观。皇帝既要长寿，又不想放弃政务，就大兴土木，搞了这么一个十分怪异的工程，有了复道设施，皇帝虔诚等着神仙也就是真人降临，授以秘方，赠以仙药，一旦仙方仙药到手，他会立即把复道拆除，他才不喜欢这个叫人气闷的劳什子呢，长寿的目的是什么，还不是要更长久享受人间权势与奢华吗？

始皇帝迷信方士，荒疏政事，皇帝是迷糊了，他的大臣不都是糊涂人，李斯、蒙恬、蒙毅，人中之杰，但是没人敢说话，皇帝的威权太大了。后世陆续出现秦始皇一样的暴君，大臣们大抵缄口不言，保命而已，能保命就很幸运了，而且这些大臣很少真的能保住命，他们不知道今天和明天以及后天，皇帝要对哪个大臣下手。

太子扶苏认为有义务劝谏父皇，几次上书皇帝，请求皇帝远离奸佞小人，不要受方士欺瞒。因为是太子，皇帝没有严厉处置他，只是把他贬去长城要塞。太子劝谏尚且如此，其他大臣的胆子再大，也不敢捋虎须。

孤家寡人秦始皇帝，遭受方士术士们的百般嘲弄，仍然痴心不改，几次长途旅行到东部海边寻求神仙和不死药。在碣石山下，海市蜃楼经常出没的地方，建造一处通往大海的大道，大道用巨石铺成，延伸到大海深处，道路终点，矗立一座巨大的石门，希望神仙通过这道石门给他送长生药来。这是世界上最早的海上工程，艰巨程度超过骊山墓、阿房宫和万里长城。

仙人没有药送来，始皇帝驾崩于求仙途中。五十岁。

秦二世 ·“寡人”的苦恼

太监丞相赵高搞来一头鹿，敬献给二世皇帝：“千里驹，一匹马，送给您，请笑纳。”皇帝笑了：“哈哈哈，丞相差，一头鹿，不是马。”赵高表情十分惊讶：“百分百，一匹马，西域货，不会差！”皇帝觉得这丞相一定工作繁忙导致神经错乱，连常识都丢尽了，便开导他：“鹿有角，马木有，它有角，它是鹿。”秦朝尚六，数字崇拜六，说话要说“六字经”，类同作诗，这也太难了吧，作为变通方式，说话用“六”的倍数或约数，“三字经”。赵高比皇帝还坚决：“那根本，不是角，马耳朵，支棱着！若不信，问大伙！”问大臣甲，甲说“西域马”，问大臣乙，乙说“大宛马”，问大臣丙，丙说“高昌马”。这下子皇帝不敢自信了：“咋整的，我呆傻？”赵高说：“您没傻，精神差，不识数，退休吧！”稀里糊涂地被赵高送到临潼软禁起来了。

被废黜的皇帝还能看见第二次月亮圆，这不太可能。新皇帝不能容忍跟老皇帝共戴一片天。二世被送到临潼，由赵高主持朝政，但赵高还是不想放过他，便派自己的女婿去取二世的性命。太监也有女婿？这事不奇怪，他还有孙子呢！这女婿数落了一通二世的过错，结论是：你自己拿主意吧。二世说：“那就让我当个王，行吗？”女婿摇头。“当个侯也行啊。”女婿还是摇头，“总不成把我贬为庶人吧？”女婿摇头不止，二世大喜：“当个郡守、县令，也将就。”女婿不再摇头，递过一把剑，二世皇帝只好割下自己的脑袋，捧给赵高女婿。

皇帝本人是不是英明伟大，实在不重要，皇帝称得上伟大的首要条件，是他拥有更伟大的大臣，但大臣不可以称作“伟大”，所以皇帝理应贪大臣之功，好的皇帝都会贪大臣之功，或者可以这样说，能贪大臣之功的皇帝才是好皇帝。后来有的皇帝把够得上伟大的“大臣”几乎都罢黜和贬死，孤家寡人被佞幸之臣包围着，这样的皇帝再伟大也是渺小的。他不懂这个辩证关系，虽然他们自以为才智过人天下无敌。

按照习惯标准，始皇帝无疑是伟大的皇帝，但从他宠信的大臣来看，二世而亡的根子却在他自己，他的伟人就打了折扣。他宠信的人物有两个，一个李斯，一个赵高。宠信并且重用宦官这事不是正经皇帝应该干的，不说了，单说李斯，就问题多多。李斯在开拓疆土方面功绩卓著，但他的品行极差，不是国家栋梁之材，按照传统习俗的说法，此人非国家之福。身体残缺的赵高和心理残缺的李斯，被始皇帝倚为臂膀，他的身后事可想而知。

始皇帝死后，李斯与赵高合谋，谋杀太子扶苏，之后的事情就脱离李斯的控制，赵高全面专权。君子能容忍敌人，小人却难以容忍同党，于是赵高陷害李斯，制造李斯许多“罪状”，二世皇帝大惊：“原来丞相是叛徒内奸反贼，若不是季父明察秋毫，几乎被李斯这厮欺骗了！”李斯下狱。

奸人有奸人的手段，赵高指使几个特务，冒充皇帝的特使，说是来复查李斯的案件，李斯一直存有一线希望：二世皇帝虽然不如始皇帝睿智，却也不傻，脑子反应慢点，到底还能转个儿，一定会复查李斯的案件，现在看到假特使，以为来了真救星，声泪俱下辩白自己冤屈，“特使”冷笑道：“罪臣还敢狡辩，用刑！”那些刑具已经用过多少道，每一道都是鬼门关。李斯这才明白遭到了假特使。过几天，特使真的来复查案子了，李斯声泪俱下控诉遭受的非人折磨，“特使”说：“罪臣，放明白些！”刚接上的骨头再敲碎一遍。后来二世皇帝果然觉得李斯似乎不应该是叛徒内奸反贼，真的派人来复查案件，而李斯被打得彻底丧失信心，以为又是赵高的特务，已经不敢说实话，完全按照赵高指定的草稿宣读认罪。皇帝最后叹息一回："可惜了的丞相，当什么叛徒呢。"李斯的口供坐实，被腰斩。

"皇帝轮流做，明年到我家"，这个"我"，就包括了你我他。那么，大家都是皇帝迷了？话虽然不能说得这么绝对，但后世的袁世凯放着好好的大总统不当，拼死拼活要登基做"洪宪皇帝"，总算一个力证。不过，当皇帝也实在不算什么很好的差事，虽说工资高，还不退休，可总是被人当猴子耍，时不时被大臣来个"三人成马"，也叫人苦恼。更苦恼的是：皇帝们原来都是挺好的，一来二去就不成模样了。就说这秦二世吧，当年他是秦始皇的心肝宝贝，始皇帝把太子扶苏贬到长城上当"流动哨"，却把他带在身边巡行天下，虽说老爹偏心，但也足以说明，胡亥这孩子挺有出息。可后来为什么一头鹿就把他搅得天地玄黄？原来，皇帝被大臣骗得好惨。赵高为了行欺诈，把一头七叉八叉支棱八角的鹿弄来朝堂，也不容易呢，他这是对对手的尊重。以后的大臣骗皇帝并不这么麻烦，只是坐而论道，几个回合下来，皇帝就被论得五迷三道。秀才们好写文章，皇帝看不懂或不想看，但也不好意思直说，就批示道："知道了。"秀才便拿着这三个字发布"文件"，文件开头部分郑重其事用红色套印一行大字："皇帝已圈阅，批示'知道了'。"叫全国人折腾个没完。

楚霸王（上）· 取而代之

始皇帝视察咸阳，仪仗夸张豪华得连始皇帝自己都惊奇：“当皇帝真是太爽，太刺激了！”皇帝有好东西必定炫耀，让百姓羡慕。百姓倾城观看皇帝巡游，外地民工这些混迹于咸阳的“低端人物”也来凑热闹，一个四十多岁的低端中年男人眼睛看得发直，就有点失态，捶胸顿足：“大丈夫出行，就应该这个排场！”没想到旁边都是始皇帝的超级粗粉丝，听外地民工说伤害皇帝的话，就愤怒。咸阳人经常为外地民工不懂礼数气炸了肺，这次咸阳人的肺又气炸了半扇：“啥意思？你说清楚！”这时候闯来一个愣头青，冲着中年人直嚷嚷：“就是啊，拐弯抹角地说话，算什么大丈夫？这皇帝，这派头，这威风，换上是我，更威风！”咸阳群众发声喊：“反了，反了！”要扭送两个反动派进官府，中年人拉起愣头青，闪电似的钻出重围。

两个人跑过街角，后边没有谁追过来，安全了，互报家门：“敢问少年英雄，祖上籍贯？”青年说：“敝乡下相，后生项羽，请问老伯贵籍？”中年人大喜：“原来是乡亲！都是泗水郡的。在下姓刘，家住沛县，世代务农，没读过书，没名没字，行三，大家都叫我刘季，就是刘三啦，好记。”原来这项羽虽然是世家子弟，但生性贪玩，不喜欢读书，也不喜欢工作，始皇帝骊山陵征发民工，乡老报上他的名字顶差，至于到骊山干活不干活，他不管，反正本乡少一个祸害，还省下一个壮劳力。刘季听了项羽的一番言语，不由得长叹一声：“我俩同病相怜啊。县令让我当亭长，啥亭长啊，亭长就是派差役，派不下去，亭长就得自己去，我们这个县来当差的，全都是亭长。”项羽说：“我还以为亭长是国家干部呢。”刘季说：“派我来也是白搭，我到工地溜达一圈就走了，我在家都不干活，还来这儿修坟？他祖坟冒青烟了吗？就是真的冒青烟，我也不去，管他呢！”项羽说：“我就没到过他那破工地！啥破坟啊，找那么一个小山头靠着，耗子尾巴长疖子，能量真不大，他自己不亡国，他儿子肯定亡国，不信你看着！”说完拍着自己的胸脯：“我这个岁数，赶趟！”仔细打量刘季：“刘老伯春秋高，恐怕只好委屈您在大秦帝国毕业了！”当时人说话委婉，把死亡说成“毕业”，听着很有学问。刘季不在意项羽说他毕业，只是对自己和大秦谁先“毕业”不服气，气鼓鼓地反驳项羽：“谁说我一定在前？我叫它先毕业！”两个人都是说大话不怕风吹断了舌头的主，越说越投机，项羽提议：“整一杯？”刘季响应：“要划拳哦！”两个人找到一个小酒馆，刘季今天的心思出奇地豁亮，妙语连珠，奇计迭出，自己都惊讶：“这是我在说话吗？”他说，他准备在沛县起义，带领本县的豪杰，大兵直指咸阳。开始时兵一定不多，但他准备制定约法，约法也不要多，三章足够。大秦的法律太多太繁琐，专家都记不全，他的法律只有三条，共三句：杀人者处死，伤人者赔偿，偷盗者罚款。这样就能保持良好的军纪。更重要的是，战胜大秦后，他要把土地分给天下人，诸侯得大地，士大夫得中地，平民得小地。这样嘛，我不用打仗，诸侯、士大夫、平民心甘情愿替我打仗。项羽出于礼貌，耐心听完了刘季的战略方针，到底还是忍不住评论：“太磨叽啦！费死个劲。我的军队，敌军要是弱，我军强，敌军强呢，我军更强！斩钉截铁，所向披靡！”

秦帝国就是一个大火药桶，一点火星就能引爆，帝国从上到下，都等着出事，出大事。大家心里莫名其妙地兴奋，知道这“大事”随时可能发生，所以两个山东大汉在酒馆胡说八道，也没人上官府举报，因为酒馆没有“革命群众”互相监督。

五年后，大秦帝国土崩瓦解，刘三果然在沛县起兵，势力迅速壮大，他与诸侯和天下人约法三章，几乎兵不血刃进入咸阳。项羽一路打、杀，所向披靡，可是披靡也要费些工夫的，等他浴血奋战来到咸阳鸿门，刘季已经手握皇帝玉玺安排登基大典的事情了。项羽得到情报，肺也气炸了半扇：刘三老流氓，我们江东子弟兵浴血奋战……传令下去："三军！今夜不准打牌，不准说段子，一律早早睡觉，明天四更造饭，五更出发，击碎刘季老混蛋！"

军令如山，全军都得遵守，包括项羽的叔叔项伯。项伯不打牌不说段子，就胡思乱想，忽然想起老朋友张良就在刘季军中，张良跟刘季没啥关系，路过刘季地盘，暂住几天，刘季既然是混蛋，碎也应该，可张良陪着刘季碎，冤枉。傍晚时分，项伯悄悄溜出军营，因为他是总司令的伯父，没人查他的路条。刘季的军队驻扎在霸上，与鸿门相距不过二三十里，快马半个时辰，在乱糟糟的刘季军中找到张良，拉起就走，张良问这是为何，项伯说："跟我走吧，天亮就出……不不，天亮出发就来不及了！"张良三言两语套出最高军事秘密，大惊失色，忙不迭地感谢项伯的仗义，又说："你私自来沛公军，告诉我们这项绝顶军事秘密，项王不会治你的罪吗？"项伯说："啥秘密？项羽击破沛公，还用秘密？他巴不得这消息传遍全天下！"可不是，消灭刘季这一小撮，还搞偷袭这种下三滥，项羽还想不想在中国混了？张良这就有了主意，拉着项伯来见沛公刘季。

刘季看深夜项伯来访，立刻明白危机迫在眉睫，极力向项伯证明，他留在咸阳，就是等着项羽来接受，绝对没有别的意思，千万向项王解释清楚，别发生误会。项伯想，多亏我来这一趟，兵不血刃占领长安，沛公再不经打，毕竟也是打仗，既然打仗，胜负就不好说，再说，两支刚刚会师的起义军自己打起来了，也会叫秦朝的残余分子看笑话。"既然是误会，你明天早上还是亲自向项王军中说明白的好。"项伯这个提议隐藏着一个谋略，当初楚怀王任命刘项二人分别为南北军统帅，现在刘季来项羽的军营拜见，那就是认可项羽的地位高于刘季。刘季千恩万谢，还跟项伯约定：等我生了儿子，就娶你家女儿哈，我们就是儿女亲家——亲家慢走！

楚霸王（中）· 鸿门宴

项羽果然没有责备叔叔，知道沛公也来了，他的心里转的念头与叔叔一样：这不就是来认错投降的吗！要吃饭！好好招待沛公一行。砍头还让吃个饱饭呢，何况是来投降自降等级的，更要吃饭！范增拉住项羽："吃饭可以，但不能让刘老三在饭桌上溜了。根据我的情报专家分析，刘老三的危险不小于秦二世，他今天自投罗网，我们就不能放虎归山。"项羽说："好，听你安排！"刘季极不情愿，但不知道这顿饭要吃到啥时候，身在项羽军营中，太危险。张良对这场饭局的判定比刘季悲观，虽是酒席，但局面瞬息万变，不知道到时候能不能全须全尾撤退到霸上。

项羽关心自己发布的命令，要有沛公的亲口承诺，不然军事行动不变。项羽问刘季："先敲定，再吃饭！沛公，你确定是来要求换防的吗？"刘季斩钉截铁："就是换防啊，我盼望项王来，已经望穿了双眼！"项王哈哈大笑："好，传我的命令：明天四更造饭，五更出发，接管沛公的防地。我军不准与沛公军发生冲突，违令者斩！沛公，喝酒！"一场剑拔弩张的对峙变成和平接管，项王为自己的英明部署沾沾自喜，喝得就有点高："刘老哥，当年咱俩在咸阳有誓言，谁的实现了？"刘季当然逢迎："当然是项王实现了啊，您现在是项王，我只是沛公，不久您就是大中国的大皇帝，我还是沛公。"项王越发得意："你也不错了，我当了皇帝，你也别当那什么沛公了，我封你当王……"忽然宴会厅一声炸响："上肘子！"原来范增看项王醉醺醺的完全忘了之前的约定，决定自己解决，可是“上肘子”是什么意思？范增发觉自己说错了，急忙改口：“上舞蹈！”这是范增杀刘季计划的一部分，项庄假装喝醉酒的样子，抽出宝剑，在席间做胡旋舞，剑法令人眼花缭乱，刘季左躲右躲，闪着寒光的剑总在他面前，毫厘之间就要取了他的性命。

项羽想：二爸这个计划虽然不光彩，可只要杀了刘季，也是个好计划；范增着急：舞剑只是个由头，三下五除二，项庄这小子还磨叽个啥？项庄想：武士可以失误，不可以下黑手，一旦被发现我假借醉酒故意害人性命，我的名誉就全完了；项伯想：范增搞什么搞！你们要搞人，你自己去请，红烧清蒸随便，我请来的客人，我必须保护！项伯挺身而出，与侄子项庄来一场剑术双人舞，阻挡项庄刺杀刘季。这下子项庄彻底乱了方寸，他不知道叔叔是否参与这项计谋，也许范增改了主意，又不好明白说出，就来这一出？眼睛瞄着范增，范增也看着他，两个人没有约定这种情况该怎么办，事前没有眼光的编码程序，所以范增项庄互相从眼中啥也没看出来。项庄这下彻底蒙圈，杀还是不杀，这个问题不解决，他怎么能结束这场剑舞？叔侄俩在宴会厅里来来往往，乐队反复演奏那支剑舞曲子几十遍，几个年老的乐手瘫倒在乐池，项伯项庄还没有停下来的意思。几个核心人物各自沉浸在自己的计划中，没有觉察这支曲子的演奏严重地不正常。

座中最焦急的是张良，他开动计算机式的大脑，演练各种解救沛公的方案，最后全部推翻，决定不用计算机了，采取简单粗暴的解决办法，因为项羽这人简单粗暴，以毒攻毒，肯定奏效。他借口去卫生间，溜出宴会厅，樊哙在外边焦急等待，紧张询问：“张先生，里面什么情况？沛公还活着？”张良说：“就快活不成了，项庄那把剑，太危险了！你跟我来。”宴会厅的守卫拦住樊哙：“张先生请进，这位武士不能进！”樊哙挥动盾牌，把卫士撞翻，一阵风似的冲进宴会厅，一声怒吼：“停——”乐手一下子解放了，呼啦啦躺倒一大片，项伯和项庄也如释重负，各自拄着剑喘粗气，他们也想躺倒的，可他们是武士，武士只要不死，就不能倒下，于是苦撑到现在。项羽最先反应过来，直起身子喝问：“你是谁！”张良赶忙回话："项王恕罪，这是沛公的车夫，樊哙。"项王这才坐下去，语气缓和了不少："车夫啊。别饿着，上肘子！"这回上来的真是肘子，不过差点意思。厨房的肘子被这么多人吃得精光，生的倒还有些，既然项王叫上肘子，那就得上肘子。樊哙拎起肘子左看右看，不好下嘴，牙口再好也咬不动，他把盾牌放在地上，肘子"咚"的一声砸得盾牌跳了几跳，樊哙从小腿边拔出匕首，边切边吃，不嚼，整块吞，霎时肘子只剩下带血的骨头，众人目瞪口呆，项羽也似乎看到了从前生猛的自己："再来一只？"樊哙说："别整这小肘子，有本事说说中华大肘子！沛公把这么大的中华大肘子夺过来献给你，你不赏赐，反而强迫他吃这么难吃的肘子！吃不完还不让走，沛公没吃完的肘子在哪儿呢，拿来，我替他吃！"项羽尴尬地笑着说："没有不让沛公走，我和沛公聊得开心，舍不得分手了都，沛公，你说是不是啊？"刘邦赶忙赔着笑脸："那是，那是，项王对俺好着呢。"樊哙这一闹，宴会的气氛倒和缓了很多，人们可以伸伸腰透透气，只有范增气哼哼的一脸冷冰冰，拿眼睛只瞪项羽。刘季说："不好意思，方便一下。"张良说："不好意思，我也。"相跟着来到卫生间，张良说："快点走吧，后边的事我顶着。樊将军，护送沛公回霸上！"

估摸刘季的快马已经跑出二十里地，距离霸上不远了，张良才磨磨蹭蹭回到宴会厅，项王问："沛公呢？"张良答道："回项王。刚才沛公的车夫闹会，沛公为自己管教不严深深惭愧，不敢面辞项王，悄悄地一个人走了，请大王莫要见怪。玉璧一双，委托我呈上项王，玉斗一对，转交范先生。"项羽接过玉璧，随手放在座位旁边，范增把玉斗扔在地上，竟然没碎，抽出剑又砍又剁："二货！没用！等死吧！"站起身，冲出宴会厅。七十多岁的人了，他竟然跑得那么快。

乱臣列传

共工 · 一怒动天

女娲补天，从此天地之间平安无事。天地平安，人渐渐多起来。人天生喜欢合群，一群人就是一个部落，部落之间也需要合作，于是有了部落联盟。这一天，部落联盟召集大会，议题只有一个：选举联盟的秘书长。秘书长的正式官职名叫“酋长”，但人们习惯称酋长为秘书长。

部落联盟的秘书长没有什么实际权力，但名头响亮。秘书长出行，前后左右八九十个人簇拥着，威风凛凛，提防有人行刺暗杀，或者小民借秘书长出行的机会告状。那些护卫全都身强力壮，一挥手，告状的就飞出去七八丈远，瘫在地上半天起不来。各个部落本来也没啥要告状的事，丛林法则这时候还管用，实力决定地位，实力不济就认输，受了委屈找酋长求公道，那多丢人现眼没脸见人，所以很少有人闲得没事告状玩。没人告状，这伙保镖跟着不就没意义了吗？他们自有办法，花钱雇人，让他假装来告状，护卫一挥手，七八丈远，秘书长看见很感动：多好的护卫啊！甩出去的人如果受伤，要格外加钱的。不过那时候还没有“钱”这种东西，扮一次冤民，给三斤野猪肉，受伤了再多给一斤。久而久之，形成一种产业，扮演冤民访民的叫专业演员，还有在旁帮腔叫好的哭闹的，叫群众演员，群众演员只给一斤野猪肉。再久而久之，秘书长也知道被驱赶的访民是演戏，不过他觉得挺好玩，也不说破，官民上下一本正经演戏玩，玩得严肃而开心。

秘书长的工资也简单：每天六斤野猪肉。三斤猪肉就够吃一天，六斤肉怎么也吃不完，这东西也不能留，过两天就臭了，每天守着一堆臭肉，当这秘书长还有啥意思？竞选者共工说：“有意思啊！”共工与其他竞聘者一样，都认为当部落联盟的秘书长很有意思，因为秘书长可以享受“被暗杀”的荣誉。

共工掌管九黎，势力相当强大，按照他的估量，这次选举胜算不小。什么不小？他根本就是秘书长的不二人选！正式投票之前，竞选者有一番演说，这次参与竞选的只有两个人，颛顼和共工。两个人必须选出一个，不然这选举会就不休止地开下去。

颛顼的演讲冗长沉闷：“我是颛顼，我参加这次竞选，是我深思熟虑的行动。我现在申请当酋长，一旦胜选，我要引导大家走共同富裕的道路，保证每人每天有一斤野猪肉，不但有肉吃，吃肉时还能喝上肉汤！”听得大家心烦意乱，一大半选民在冰凉的板凳上睡着了，这得多大的演讲功夫，才能把选民整成这样。主持人几次想打断颛顼的演讲，提醒他时间到了，使眼色咳嗽又摇铃铛，颛顼一律视而不见，听而不闻，一个人在台上眉飞色舞，自得其乐。轮到共工发表竞选演讲了，他干脆简练：“选我！都选我！不选我，有你们好看！”

好不容易熬到投票的程序。两只葫芦，一个代表颛顼，一个代表共工。颛顼和共工背过身去，不许回头偷看。发给选民一人一颗大蚕豆，防备选民伪造选票，大蚕豆还涂了颜色。选民鱼贯走到两个葫芦前，投大蚕豆。选民非常讨厌颛顼的夸夸其谈。你当酋长，天下主人就是你一个人，你说人人都是主人翁，我们就是主人翁了吗？人们非常讨厌颛顼，但人们更非常非常讨厌共工，共工还没当上酋长呢，就气势汹汹不可一世的样子，万一当上酋长，我们大家还有活路吗？

大蚕豆投进葫芦，沉闷的一声响，跟大家的心情一样。本来这两个家伙都不想选，可主持人说了，投不出来，就一直投，即使候选人都是混蛋，也得选出一个不那么混的蛋出来。终于，投完了！两人转回身，紧盯着自己眼前的葫芦。

主持人在两个监票人的陪同下拿起两个葫芦，往外倒豆子。第一个葫芦，颛顼的，豆子下雨一样，好像总也倒不完；第二个葫芦，共工的，主持人拿起来看，摇了摇，没动静，翻过去倒过来，又抖又颠，却一粒大蚕豆也不见。共工的脸通红，青筋暴起："哼！刚才我还想万一选不中，我做点啥事会伤及无辜，现在我心里坦荡荡！你们等着瞧！"

共工跳起来，一窜两窜，没影了。

远处的一座大山，因为太大，从来没有人绕着这座山走上一圈，所以叫"不周山"。为什么不周山这么高大？原来它是一根支撑天空的大柱子——天柱。原来方方一片天，方方天的正下方，方方一块地，地的四个角竖起四根柱子，支撑着四四方方一座大穹庐。西北，东北，西南，东南，各一根。不周山就是西北方位的柱子。没有这些柱子，天就会塌下来的。共工怒气冲冲奔不周山而去，选民们这才害怕起来：共工力气太大，他会不会……

忽然，有人发现不周山像一棵被伐的大树一样，向一面倒下去，扬起的土石也冲上云霄，同时，人们的脚下轰然作响，是地震！与轰鸣相伴的，还有愤怒至极的震天怒吼：

"我顶你个肺啦——"

这是共工的声音！他头顶撞击不周山，使这根支天的柱子倒塌，发生强烈地震。共工遵守自己发出的恐吓诺言："有你们好看！"

不周山被共工撞倒，由于支撑的柱子倒了一根，西北方位的天没有支撑，天上的星星就往西北方向流淌，天和地在西北角衔接了。于是，大地的西北角也就翘起来，大地就向东南方向低下去，地上的所有河流湖泊都急匆匆地流向东南方。

羿·三箭客

天神羿射落九个太阳，史书说“万民皆喜”；眼前的羿射杀太康，万民也都高兴。这太康太能瞎折腾，祸害百姓，就说他和大臣们的那些数不清的宫殿吧——还是不说了吧，一说全民泪如麻。至于他的打猎，更不能说，一说就泪如倾盆雨，太康打猎猎得疯狂，再多的猎物也经不住他的掠夺性的打，万民们只好把自己养的马牛羊鸡犬彘放到森林里让他射杀，还不能索赔，大臣严厉叮嘱不能让太康知道。太康死了，万民解放，野生动物和家养动物们更开心。

羿做首领，相当于做了“王”，可以称他为“王羿”或“后羿”。王羿告诫自己：帝太康沉迷于打猎，结果丢了天下丧了命，这打猎太害人！羿住着大殿，吃着大餐，听着大乐，看着大舞，太康的所有享受，羿全部继承下来，心里万分感慨：“当王，就是好啊！”“大王说得对，当王就是好啊！”王羿吓得从座位上直跳起来：“你是谁？你怎么知道我的心思？”大臣说：“我是蛔虫……不不，我是您的心腹大臣寒浞，专职侍奉您的。”王羿迷惑：“有这么一个职位吗？”大臣说：“有没有这么一个职位不重要，大王舒心快乐才重要。”王羿心头一热，但他记起帝太康的教训，压下滋生起来的心头热：“我已经很快乐了，你这个职位就撤了吧。”“大王英明！不过允许我为大王做最后一件事。”最后一件事，就是作为向太康打猎时代告别的仪式，组织一次打猎。

王羿打猎的队伍浩浩荡荡出发了，休养生息这么久，森林生机勃勃，鸟兽们似乎在开一个大型的运动会，大大小小奇形怪状的动物们在一个大广场上欢乐地争斗，牛跟牛斗，熊跟熊斗，狐狸黄羊结盟跟虎狼斗，那些小动物们知道在重量级斗手面前自己的渺小，自觉地都退在旁边看表演，偶尔从大动物的胳肢窝底下伸出小脑袋，怯生生地叫一声好，赶紧又缩回去。

王羿的打猎队伍冲过来，马蹄响，箭雨飞，动物们来不及闪避，顾不上逃跑，纷纷中箭倒地，尸横遍野，血雨横飞，人、马、车轮都染成了红色，猎犬朝天叫："汪汪汪……"王羿朝天笑："哈哈哈……今天太高兴了，打猎太欢乐了！"回到王宫没几天，王羿把蛔虫……把心腹大臣寒浞叫过来问道："什么时候再组织一次打猎？"

寒浞是羿肚子里的蛔虫，蛔虫有蛔虫的心思，蛔虫寒浞也有自己的蛔虫，它们也都懂得他的心思，寒浞对自己的心腹蛔虫说："过来，听我说……"

又一次出猎，寒浞诚心敬意地对王羿说："大王，您的弓与力，宇宙无敌，可您射箭发的力也太大了，别人的箭射中动物，拔出箭，猎物的身上只有一个眼儿，整个猎物好好的，剥了皮，制成标本，座山雕还是座山雕，大熊猫还是大熊猫，可您射中的动物拔出箭——您射中的动物根本就拔不出箭，您的神力太大，箭穿过猎物的身体，飞到几里开外，还拖着从猎物身上挖走的一大坨肉，剩下的就没有什么了。这么厉害的弓箭应该留到最需要的时候用，再说，打来的猎物，也是好东西，大家等着吃它们的肉，穿它们的皮呢。"这番话说的都是实情，绝没有谄媚拍马的嫌疑，而且王羿自己也发现了这个问题。他向寒浞征求意见，寒浞说："大王只用一般的小弓箭，把这件大杀器留在家里，问题就解决了啊。"王羿一拍脑门："这么好的主意，我怎么就没想到！"

寒浞是王羿的心腹，王羿对他百分百地放心，铁力木的大杀器从不离身，但在休息和夜晚睡觉时却由寒浞保管。寒浞在羿睡熟时练开弓，已经能开到七八分，射箭虽然不能达到十里远，五六里没问题。至于准度，反正这么说吧，说射中前心，绝对不会射中左肾或右肾。

王羿打猎归来，收获颇丰，车前车后都是带血的猎物，有的挣扎，有的喘息，多数猎物无声无息早就死了，王羿一如既往地快活，唱歌到拔高音的关键点，双手上举助发音，超高音即将喷薄而出……一声尖厉刺耳空气被撕裂的声音，压住了王羿酝酿很久的超高音，那是利箭的呼啸。王羿落马，寒浞从五里外飞马过来查看射箭成绩：血从羿的后心汩汩地流出来。

寒浞住进王的宫殿，发表命令："敢组织打猎者，斩！"

动物们的好日子又开始了，森林里每天都在举办音乐会，各种鸟雀争奇斗艳，比羽毛，比身段，比飞翔，比歌喉。兽们大多没有好嗓子，对文绉绉的音乐会很不屑，主要是不爽，酝酿着再开一次运动会压倒这些长舌妇。动物界的运动会也是四年一届，距上次的悲惨大屠杀已经四年。

陆续传来坏消息：有报名参赛的队伍被剿灭，不留活口。开始动物们以为一些"野兽不如"的野兽们想在运动会上取得好成绩，对竞争对手玩阴的下黑手，后来发现一些没报名参赛的动物家族也遭灭门，才知道祸患来自外边。

原来，寒浞宣布取缔打猎之后，为一件事深深地苦恼着：他这么精湛的射箭技艺，如果不持续练习，就要荒废掉，这多可惜，想当年一箭射中王羿的后心！寒浞的家臣也是他的干儿子浇，给他出主意："悄悄地进林，队伍也不要。"寒浞说："我再也受不了啦！我要打猎！我要轰轰烈烈地打猎！谁也别拦住我！"谁也不拦着，于是，陆续有参赛队被剿灭。

干儿子浇把自己的心腹叫过来说："……"

寒浞的打猎队伍浩浩荡荡，可是，只听马蹄响，不见箭雨飞，寒浞大惑不解：情报有错误！还没来得及撤离战场，预想中的箭雨却突然飞起来了，不过，箭雨只飞向他一个人，他没来得及张开从羿手里继承的铁力木大杀器，一声喊都没来得及。

浇在王宫里对羿和寒浞的牌位说："我们三代三箭客，都是顶尖大英雄，现在我向两位先辈发誓：我如果不接受先辈教训，再打猎，剁手！"

可是，打猎的诱惑实在太大太大了，浇就像困在宫殿里的野兽，横冲直撞，力大无穷的浇把大柱子推倒了好几根，大殿摇摇欲坠。最后，他在王羿和寒浞的牌位前毅然决然地“剁”掉了自己的——长指甲：看看，我剁手啦！出发！

打猎的浇被少康的义勇军杀死在森林里，大夏失落几十年的帝位，夺回来了。

公仲侈·横竖都没辙

韩昭侯号称精明，申不害为兄求职，被他一顿忽悠，说掌权者不可以利用权力谋私，他自己却滥用权力谋一己之利。韩昭侯二十五年，韩国大旱，饥荒严重，以致人相食，韩昭侯却想起来修建自己的大宫殿，还为自己建造许多别墅。韩国的强盛时期很短促，韩昭侯之后，韩国和燕国的国君互相尊称王，于是韩国有宣惠王。

宣惠王时，秦兵时时来犯，每次秦兵出关，挨打的必然是韩国，韩王气急败坏："为什么又是我？为什么总是我？！"苏秦倡导合纵，山东六国联合起来打击秦国，合纵活动轰轰烈烈，韩国暂时也跟着扬眉吐气一回。可是与合纵同时进行的还有连横，山东六国的一国，分别与秦国结盟，取得暂时的安全，但是作为回报，它必须与秦国一起攻打别的国家。到底合纵呢，还是连横？韩国拿不准主意。国家弱小，动辄得咎。既然怎么都挨打，那就合纵一回试试。秦兵才不管韩国什么立场，连续三次侵入韩国，夺取城池，韩国向纵约国求救，纵约国居然置之不理，原来大家都在为"合纵"和"连横"纠结着。

宣惠王八年，魏军打败了韩国将军韩举；十四年，秦军在鄢陵打败韩军；十六年，秦军在脩鱼打败韩军，在浊泽俘虏了韩国将领申差。八年三败，宣惠王心急如焚，相国公仲侈开始施展他的谋略了，这样的谋略说起来……不说也罢，实在不值一提。他对韩王说："盟国不可靠。秦国很久以前就想打楚国，也想打韩国，也想打魏赵燕齐国，打谁对他来说都一样，不如我们帮助他打楚国，为了表示诚信（他还敢说‘诚信’）给他一座城做奖励。打败了楚国，从它手里夺一座城补偿我们自己，这叫一石二鸟，让秦楚相斗，那块扔出去的石头还能捡回来。”韩王大喜，说这个计划完美无瑕，你真是太聪明了！其实这计划一点也不稀奇，不就是连横吗，“事一强以攻众弱”。

楚国的谍报得知这一情况，迅速报告楚王，楚王大惊，飞来横祸！你们俩打仗，忽然把我拉进来，更过分的，打仗双方住手不打了，合起伙来打我这个局外人，什么道理啊，还有王法吗？哦，早就没有王法了。还有法律吗？哦，没王法哪还有法律。楚王急得团团转，陈轸说：“没有王法和法律，更好啊，以其人之道，还治其人之身，原样地奉还韩国。秦国想打我们，狼子野心多少年，不争气的韩国还送他一座城做奖励，还追随秦国发兵南征。一个秦就够我们受的，何况还有韩国这个为虎作伥的家伙。我们现在紧急全国总动员，声言要北上抗秦援韩。”楚王说：“还没开会讨论呢，我国集体领导，我一个人说了不算。”陈轸说：“不是真的北上抗秦，发布告示，声势做得很大，把战车都摆到道路上，士兵们日夜训练，好像随时可以出发，这都是做给间谍看的。然后派出使臣，告诉韩王，说我们的救兵马上就到，韩王是个小气鬼，割让一座城，他心疼肉疼疼得不行，知道楚国来救，他肯定和秦国闹翻，不联合了。这一招不但瓦解他们的联盟，还能让秦国更怨恨韩国，两国矛盾加深，楚国就安全了。”楚王说：“好主意！”按照陈轸的策划，楚使对韩王说：“我们楚国虽然很小，但已经把军队全派出来了，楚韩两国，已经是命运共同体，韩国对秦国作战，楚国当仁不让，我们国君已经在嘱托后事，楚国和楚君，将与韩国共存亡！”说得气壮山河，听得血脉偾张，韩王命令公仲侈说：“把你的谈判代表叫回来吧，楚国发兵，我们有救了！”公仲侈说：“秦国打我们，这是真打啊，楚国说救我们，那是空话啊！大王依靠楚国送来的画饼，跟强敌秦国绝交，大王不会傻到这个程度吧。况且楚韩并非兄弟之国，也没有订立共同防御条约，他会为了保卫韩国全国总动员？我们要联秦攻楚，他害怕了，这才声言发兵救韩的。这是陈轸的一个阴谋，想离间秦韩。我们的谈判代表早就到了秦国，实际上谈判可能已经结束，现在又要毁约，欺骗秦国，后果会怎样，大王知道。”韩王不听劝告，撕毁和约，宣布和秦国断交。

秦王大怒，增加兵力攻韩，两国军队再度大战，而韩国期盼的楚国救兵一直没来。结果，韩军一败涂地，韩宣惠王以数倍的代价向秦国求和，还把太子送到秦国咸阳做人质。

公仲侈所处的时代，合纵连横纷纷扰扰，有所谓“纵横家”。无论纵家和横家，其实都是为自家，他们为了一己私利，游说诸侯，翻云覆雨，蔑弃任何公理和正义。公仲侈是个连横派，某人对他的一通说辞，可以做纵横派的政治宣言：“连横，天下诸侯分别服事秦国，那么韩国最小最弱，最无足轻重；合纵，天下诸侯联合起来攻打秦国，那么韩国最小最弱，还是最无足轻重；如果天下诸侯合纵连横摇摆不定，那么韩国会最先倒霉。如果您使韩国最先同秦国联合，天下诸侯跟随韩国向秦国表忠心，这就相当于韩国带领天下诸侯服事秦国，韩国就是天下诸侯的首领，秦国一定会感激韩国。同样是朝拜秦国，却单独领受秦国恩惠，您实行这样的计策，这对于国君来说，是尽忠；对您自己，是获利。”于是公仲侈力推连横。

公仲侈在诸侯中最不讲信用，名声很差。他有事求助于楚，楚王不屑于听他讲话。苏代居然这样为他求情：“公仲侈反复无常，各国被他背叛个遍。如今各国不理他了，他也很伤心难过，也许，我们可以给他提供一个变成诚信尾生的机会？”

韩国夹在大国间，左右支绌，合纵连横均无效，经常被强秦扫荡，几乎无还手之力。公元前 230 年，韩王安九年，秦始皇帝十六年，秦攻韩，俘虏韩王安。战国七强，韩最先亡。

楚君臣·群丑图

楚平王长得极难看，要多难看有多难看。太子名建，却是一表人才，太子照例该娶妃，平王便给他从秦国讨得太子妃，是秦国公主，长安第一美人。美人舟车劳顿到了荆州，不但美色不减，增加了几分倦怠，更显得慵懒娇弱，可人怜爱。平王一见，三魂丢了两魄，九魄飞了八魂，只说了一个字："美——"就被定了格，整个人被美搅得糊涂了。平王的心腹大臣费无极一向是一条蛔虫，在平王胃肠里的，他对平王的心思领会极深，便把准太子妃直接送进王宫，让她变成了王妃。然后对太子建说："这公主太丑了，让她到王宫当烧火丫头去，赶明儿再给你选个好的。"太子建没话说，认了。

一年后太子建偶然见了王妃，立刻气成了青蛙，哪是长安美人啊，分明是盖世美人，世界几百年，中国几千年才出这么一个的——原来中国人爱说这种极限式的拍马话是有传统的。鼓着肚子的"青蛙"找老爹平王讨公道。老色鬼有美人相伴，幸福得连脸上的麻子都闪烁着光芒，根本不理会太子的抗议。太子建忍不住说了几句过头的话，"老不正经""色鬼""扒灰"什么的。平王呢，处事一向公平。公平地说，他这不算扒灰，太子妃还没入洞房，还不算太子妃，一千多年后唐玄宗夺了已经跟儿子结婚八年的儿媳妇，那才叫扒灰呢。平王如果知道有这一掌故，一定义正词严地反驳儿子："你看看人家寿王李瑁……"太子建才不管什么李瑁玳瑁，气哼哼地要老爹还他老婆。这要求也太过分了，平王放下怀抱中的秦公主即楚王妃："年龄再小，也是你的小妈，敢娶你小妈，乱伦吗你！"太子建也是早生了一千多年，他要是知道唐高宗娶了自己老爸的小老婆武则天的掌故，也会说："你看看人家太子李治……"平王不给他说李治政治的机会，一顿耳光把他扇出了王宫。太子的老师是德高望重的老臣伍奢，伍奢听了太子的一番哭诉，立刻安排他连夜逃往郑国，他判断，平王得知自己私娶儿媳妇的事情被太子知道了，恼羞一定成怒，成的怒绝不止扇一个耳光这么简单。果然，当天晚上王宫卫队就来抓太子，前后就隔烙三张大饼的工夫。

平王贪色灭亲，算是问题人物，太子建也未必就没问题，他见利忘义。太子建在郑国很受礼遇，娶妻生子，其乐融融。到晋国作客，晋国人把他发展成间谍，让他做内应灭郑，商定，灭郑国以后与他二一添作五。阴谋败露，郑国杀了太子建，却留下一个孤儿胜。

楚令尹子西觉得公子胜可怜，坚持把他封为白公。有人劝他不能这么冲动，说公子胜心理变态，谁亲近他他就害谁。子西说："只要人人都献出一点爱，世界将变成美好的明天。公子胜从小缺乏关爱，咱们该用满腔热情，温暖他那颗冰冷的心。"公子胜也是早生了两千多年，他不知道有一部电影叫《少年犯》，推出一大堆"公子胜"，电影说："都来爱他们吧，他们这么可恨。"子西爱了白公胜十六年，有一天白公胜磨刀霍霍，问他干什么，他说："杀子西。"当天子西就被自己的爱送了性命。白公胜为什么要杀令尹子西，这问题极其费解。有些事，有些人，就是说不清的，那时候还没有疯狂的邪教。按照西方人的意见，白公胜就是天生的犯罪人格，这也有点道理，此前就是有人看出白公胜有人格障碍，才劝子西远离他的。

伍子胥一直被看作中国古代大英雄，因为他会复仇，而且复得很彻底。那么，就看看他怎么复仇。伍奢被陷害，大儿子伍尚跟着老爹赴死，二儿子伍员也就是伍子胥逃命，预备以后报仇雪恨。要报仇，他就得保护自己，跌跌撞撞一路奔吴国，楚国追兵紧追不舍，渔夫拼着性命把他渡过河，还做一顿大米饭炖鱼给他吃。吃饱了饭，他挥剑砍了渔夫，理由是，他能渡我，就能渡楚兵，留下他，让他知道我的行踪，不安全。可是，渔夫跟他告别的话却是“富贵莫相忘”，指望他以后回来报恩呢。接着走，饿得发昏，一位好心妇女把自己送给佣工的饭舍给他，他吃光了米饭，挥剑砍死了农妇，理由还是怕她泄露秘密，因为妇女夸了他几句：“一看你就不是平常人，听口音，是从湖北来的吧？”他心惊肉跳，便杀人灭口，其实这已在吴国地界，楚兵根本追不过来。

伍子胥到苏州，吴王僚召见，立即就喜欢他。他身高一丈，腰十围，两条眉毛间隔一尺，不像一座泰山，也像一尊铁塔。勇士，国家栋梁，要重用。听伍子胥痛说家史，吴王僚也血脉偾张，决定伐楚，为伍子胥报仇。

公子光却别有打算，在朝廷声色俱厉揭露伍子胥的阴谋诡计，说伍子胥在利用吴国报私仇。伍子胥随风转舵，因为他对公子光的阴谋了如指掌，再次见吴王时，不但不提报仇的事，还猛烈批评伐楚的建议，而这建议正是他提议的。因他这苦主反对，伐楚中止。伍子胥转而求媚于公子光，还发掘了一位刺客，名专诸，推荐给公子光。正是这个专诸，在给吴王食案上鱼时，从鱼腹中抽出匕首，刺死吴王僚，这场惨剧的幕后策划，竟是吴王僚十分欣赏的伍子胥！

伍子胥正在吴国大搞阴谋诡计，楚平王却死了。听到平王死讯，伍子胥躺倒在地大哭，仇人已死，怎么报仇？哭了一会儿，他又坐起来，不哭了，牙齿咬得嘎嘣响，发狠道：“平王死了，楚国还在，我要灭楚！”出逃八年后，伍子胥率吴军攻入郢都，挖开平王坟墓，拽出尸体，抽了三百鞭，在平王的胸腹上又踩又跳，挖平王的眼珠，万般凌辱。对尸体的侮辱，伍子胥创造了丑恶的反文明史，如果以“侮辱尸体罪”量刑，够判他三四个死刑了。后来吴王把他装在皮袋里顺江漂走，实在是便宜了他。

后代人书写历史，对楚国这一场事变多用曲笔，说平王昏乱，说费无极奸佞，都没错，但说太子建无辜，伍子胥伟丈夫，恐怕未必。其实他们半斤八两，彼此彼此，都该归入历史的丑类。

伍子胥・不讲究

楚庄王之后五传至熊居，为平王。平王的太子名建，民间称为芈建，不叫“熊建”，因为他还没有称王，只有成为楚王，才能姓“熊”。然而这位芈建太子没有成为熊建的机会了，因为他的楚王父亲做事太荒唐。

芈建太子要结婚了，平王对太子的亲事很上心，广撒婚帖，最后择定秦王的妹妹孟嬴。婚期临近，楚国派出盛大的迎亲团赴秦国，团长是平王心腹大臣费无极。费无极向平王汇报迎亲使团的工作，“顺便”还提到秦国长公主秦王的妹妹别提多漂亮啦，楚国人说话习惯说某某第一和唯一，有固定的构词模式，比如说这位孟嬴姑娘漂亮，就说她“中国一”，意思是中国第一美人。平王听费无极说儿媳妇“中国一”，极为不高兴，太子妃“中国一”了，我的王妃算什么？费无极发现自己说话不得体，赶紧为自己开脱：“太子妃确实美艳不可名状。”事后有人猜测，费无极这一套话都是预先演练好，下套害太子的。其实，很多人做坏事，或很多坏人做坏事，都未必有预谋，平王如果不追问孟嬴的漂亮，就没有费无极的天花乱坠，也就没有后来楚国的地裂山崩。

平王听费无极坚持说儿媳妇极其漂亮，忽然心里就一动。不对啊，儿子结婚，我怎么会有心动的感觉呢？眼睛热辣辣地盯着费无极不说话，把费无极盯得好尴尬啊。心腹大臣大都是平王肚里的蛔虫，费无极说：“大王不妨视察一下？”平王说：“不好吧？”费无极说：“有啥不好呢，老公爹看儿媳妇，就等于领导审查。”这一审查，平王热辣辣的眼睛在准儿媳妇的身上再也离不开。原来他看费无极那么热辣辣，就是准备转移到儿媳妇身上的。蛔虫说："我觉得呢，孟嬴是秦王的妹妹，按照辈分排，算是太子的姑姑，嫁给太子，不合适，嫁给大王，倒般配。"平王大喜："这可行？"蛔虫应声道："当然行！"平王自己娶了孟嬴，把孟嬴带来的丫头胡乱嫁给太子建。

费无极做贼心虚，向平王建议，派太子和他的老师伍奢去城父驻防。太子被剥夺了媳妇，还被剥夺了留守京都的权利，下一步可能连太子位都不保，所以太子一定会造反自保。这是费无极设计的太子心路历程，不管太子建是不是这么想的，费无极已经在京城郢都这么认为了，于是郢都哄传太子建和伍奢在城父造反。平王大怒，下令拘捕伍奢和太子建，伍奢安排太子逃跑，自己从容被捕。

伍奢临刑，在刽子手手起刀落的一刹那，叫道："且慢！"人们以为伍奢一世英名，生死关头，到底还是害怕，要举报某个贪官，立功受奖，企图免除死罪。让这么想的人面壁去吧，伍奢说："等我写封信再死。"伍奢写信给两个儿子伍尚与伍员，让他们速速来郢都，有事商量。他告诉平王，我同意去死，虽然我不知道为啥要去死，但是我的两个儿子一定要追问我为啥死。为了国家安宁稳定，大王把他们兄弟俩赐死才行。平王感动得眼泪哗哗的：多好的忠臣啊！这么忠，怎么还要他死？平王想，既是忠臣，那就更可以死。

伍奢的信送到后，伍尚伍员哥俩立刻看出老爸的良苦用心，苦到把儿子也送上死路。伍尚对弟弟说："你马上走，我上京城与老爸相会。"老爸召唤，不去就是不孝，但如果哥俩都去，就没人报仇，死一个，跑一个，两全之策。伍尚在京城见到老爸，伍奢说："伍员呢？""走了。""这下楚国人民要受苦了！"伍奢父子从容受刑，伍员一路向吴，在路上将几个知道他底细的人杀了灭口，到吴国苏州，见到了野心家公子光。

公子光与伍员初次见面，伍员问："公子收留我这只丧家之犬，让我咬谁？"公子光说："王，王。"伍员制止他学狗叫："咬人的狗不叫的，偷偷地进行。"光说："我是说，请你帮我杀了王，我的堂弟僚。"伍员伸出一个巴掌："成交！"

为了避免人民"犯讳"，吴王光改名阖闾，伍员成为吴王阖闾的重臣，人们都叫他"伍子胥"，表示尊敬。伍子胥辅佐吴王，励精图治，吴国在短时期内迅速强大，他的人望也迅速攀升，苏州城到处传播着伍子胥的故事。比方说他从楚国逃到吴国一路杀死三个恩人的事，苏州城的版本，伍子胥成了"高大全"的正面英雄形象：伍员狼吞虎咽吃完瓦罐里的饭，对送饭的农妇说，后面要是有人问你看没看见一个满脸胡子的高大男人走过去，你可千万别说见过啊。农妇说好。伍员走几步回头看，农妇已经头触岩石身亡了，伍员想，唉，这位妇女，为了取信于我，不惜舍出生命，可敬。第二次，伍员对送他一双鞋的中年女人说，后面追我的问起你，你可千万别说遇到过我啊，女人说好。伍员走几步回头看，女人已经头触岩石身亡了，伍员想，这位妇女，为取信于我，不惜付出生命，可敬。第三次，伍员对艄公说，你回到对岸，遇到追我的楚兵，千万别说是你把我渡过江去的，我把这宝剑送给你，等我回来，还要给你很多的船钱。艄公说好，我不说。楚国捉你，悬赏粟米五万石，赐爵位，我不要那五万石粟米，也不要爵位，不要你的宝剑，也不要你的船钱，我只希望你到了吴国，杀回楚国，给你的父兄报仇雪恨，你几次三番叮嘱我，可见对我不放心，那么我还是自杀了吧！说完投江而死。

三人被伍员杀了灭口，证据确凿，本无可争议，只能说伍子胥这人不讲究，做事阴狠，恩将仇报。但也可以说他成大事顾不上小节，杀死几个人保证自己顺利出逃，对伍员也不算羞耻。但是吴国想塑造伍子胥的完美形象，就在细节上仔细打磨，结果越打磨纰漏越多。吴国的宣传机器高效率，吴国人民已经相信，伍子胥一家被楚国迫害灭族，楚王的行为天人共愤，全世界人民都拼死帮助伍子胥。

吴国中央也有伍子胥的反对派，孙武就强烈反对伐楚，劳民伤财，得不偿失。但吴王主意坚决，不惜倾国家之力为伍子胥报私仇。两国交战，双方损失惨重。但最后楚国力气不支，全线溃败，吴军攻入郢都。

但有杀父兄之仇的平王早已死了，他的儿子昭王出逃。伍子胥掘开平王的坟墓，把平王的尸首扯出棺椁，左手剑指，右手持皮鞭，喝问一句，抽一鞭。平王不能发一语，由伍子胥任意凌辱。伍子胥有三百个问题质问平王，也就抽了平王三百皮鞭。三百鞭，平王尸被抽得支离破碎。对死去多年的平王如此严重侮辱，暴露出伍子胥人格的卑劣和性格的凶残。

春申君·黄雀在后

春申君黄歇以辩才见长，楚顷襄王任以为专职辩士。秦军对楚取压迫之势，大面积夺取楚国的土地，秦王还觉得太慢，要联合韩魏共同伐楚，秦国上下厉兵秣马，楚国岌岌可危。黄歇一个专职辩士，职责就是周游列国，寻找各种机会，实现本国利益最大化。这时游到秦国，看到这番景象，大惊，国家在危急中，辩士不出马，更待何时！

黄歇来见秦昭王，说："天下莫强于秦楚，今闻大王欲伐楚，此犹两虎相与斗。两虎相与斗而驽犬受其弊，不如善楚。"巴拉巴拉，巴拉巴拉……秦昭王捂着耳朵叫道："我实在受不了了！你要什么，拿去拿去，全都拿去！"黄歇说："我要你断绝与韩魏的同盟，与楚国结盟，多带些礼物给我们大王，楚王很爱财物的哟！"秦昭王派遣庞大的外交使团，带着同样规模的财货，来楚国订立盟约，楚国派太子到秦国为人质，两国友好同盟关系维持了很多年。

楚顷襄王病重，太子要回国继承王位，秦国却不放楚太子回去，黄歇来见应侯范雎，说："楚王恐怕起不来了，秦不如放太子回去。太子立为王，肯定会感恩应侯，无穷无尽。不回去，他就是咸阳一个小小市民，没有一点价值，楚国换一个王还不容易，别的王一定与秦国为敌。"巴拉巴拉，巴拉巴拉……范雎说："随便你胡乱搞，只是别叫我知道！"在丞相范雎的默许下，太子逃回楚国，即位为王，就是考烈王。考烈王感激黄歇的丰功伟绩，任命他为相国，封春申君。春申君建议迁都东方，避开秦的锋芒。春申君的封地也改在吴，姑苏以东一直到大海的广大的地区，都属于春申君。

考烈王即位许多年，后宫佳丽不算少，可是这些女人的肚子一直平坦，考烈王着急，春申君更着急，寻找有怀孕经验的女人进宫，可是这些女人进宫后，似乎完全忘记了自己从前怎么怀孕的，肚子跟宫里的女人一样平坦起来。考烈王着急，春申君着急再着急。春申君着急，是因为考烈王无子，哪天呜呼了，别的王就不会任用他为丞相，荣华富贵戛然而止，或许还有杀身之祸。

春申君的一个舍人李园，自己的妹妹被春申君选中，预备送给楚王，听说楚王不能生子，犹豫着送还是不送，最后决定不送楚王，改送春申君。不久有孕，李妹根据哥哥的设计方案，开始游说春申君："亲爱的歇，您当楚国的丞相二十多年，楚王一直无子，楚王百年后……"春申君何等样人，别人一开口，他就猜出演讲的全部，李妹的话跟他的谋划不谋而合，春申君打断李妹的游说词："你直接说方案。"李妹说："您这样聪明睿智，还需要我再说一遍吗？"这一对男女密室密谋，计划着悄无声息地窃夺楚国江山。

李园出面，把妹妹献给考烈王，当然，不久，后宫就传出特大喜讯："我们伟大的楚王，种子终于发芽啦！"九月怀胎，生的居然真是男孩！楚王喜得眉梢都要挑到头顶上去了。但几乎所有人都暗地嘲笑楚王，错把螟蛉做亲生，可是暗地里楚王更嘲笑那个送他孩子的人，看孩子越长越像黄歇，考烈王的心里明白如镜，他心底里嘲笑那几个狗男女："你们等着，看看这孩子管谁叫爹！"

又五年，考烈王病重，楚国辩士的后起之秀朱英来见春申君，要跟前辈切磋一番辩技。春申君是超级无敌大论辩家，对于别人的论辩游说从来不屑一顾，别人一开头他就打断，兴趣高的时候接着他的话题往下说，与那人的意思一丝不差，搞得那个家伙很尴尬。没兴趣时就枯坐着。看朱英有前途，况且人家又声明是来请教切磋的，春申君破戒听他一回，还格外给面子，与朱英呼唤应答，使论辩更有现场感。

朱英说："世上事很难预料，对于每一个人，有不期而至的福，有不期而至的祸，又有不期而至的人。如今您处在生死无常的世上，侍奉喜怒无常的君主，又怎么能会没有意外给您帮助的人呢？"春申君进入规定情境："什么叫不期而至的福？"朱英很高兴春申君能配合演讲："您任楚国宰相二十多年了，虽然名义上是宰相，实际上却是楚王。现在楚王病重，死在旦夕，您将要辅佐年幼的国君，继续代他掌握国政，这就如同伊尹、周公一样，等君王长大再把大权交给他。幼主才几岁的光景，他要亲政，多少年以后的事情，实际不就是您统治楚国？这就是不期而至的福。"春申君接着问："那什么叫不期而至的祸？"朱英说："李园。他不执掌国政，却干预国家事务，他不管兵事，却豢养刺客，刺客，除了对您，他还能针对谁呢？楚王一死，李园必定抢先入宫夺权，还要杀您灭口。这就是我说的不期而至的祸。"论题有三个，春申君虽然有点厌烦，但还是坚持问完："什么叫不期而至的人？不会是你吧？"核心论点被猜中了，朱英有点不好意思："您安排我做郎中，预先安排我在宫中，楚王死，李园必定抢先入宫，我替您杀掉李园。我，就是您那不期而至的在关键时刻帮助您的人。"春申君说："你不要胡思乱想了，年轻人想干一番事业，有的是门路，不要无中生有望风捕影。李园是我的舍人，他是个软皮蛋，唯唯诺诺的只会说好好好。况且我对他那么好，他有啥理由谋害我？"朱英不甘心："那他豢养死士……"春申君说："我们的模拟演讲就到这里吧，很高兴见到您，希望有机会再次听到您的教诲。送客！"朱英担心祸患上身，及时逃走了。

仅仅过了十七天，朱英的演讲情景真实发生了，李园豢养的死士埋伏在宫门里，斩杀进宫吊唁的春申君，春申君家被灭族。李园的妹妹升格为王太后，她和春申君的儿子立为楚王，就是楚幽王。

春申君黄歇，觊觎楚王之位，是一只黄雀，没想到身后还有一只更大的黄雀。

苏秦 · 罪人英雄

苏秦从一所民办大学毕业后，自己找工作单位。苏秦是高才生，找工作也与众不同。学历不高，但他的境界高。苏秦“高瞻远瞩”，爬到洛阳的北邙山，手搭凉棚四处一打望，结论便有了：秦国。秦国朝气蓬勃，百业俱兴，对山东六国虎视眈眈，正是有志者施展才能的大舞台。于是叫家里人准备行装：一套常礼服，一件黑貂皮大衣，一百两银子，还有一担书，带个小厮，自信满满奔了咸阳。苏秦是小康之家，小康，往上一步就成富户，往下一步就成穷人，苏家卖了土地给他置办这些东西，他许诺说等他游说秦王成功，几倍几十倍地买地买房买作坊。他去游说秦王搞连横。连横，简单说就是秦国拉拢六国中的一个，对其他五国各个击破。

苏秦到了秦国，奏呈关于“连横”的论文。那论文写得真好，把苏秦自己都感动得坐立不安，可惜时运不佳，秦国刚杀了企图谋反的魏国人商鞅，对外国人十分戒备，而苏秦又是民办大学毕业，校长兼教师只有一个藏头不露尾的鬼谷子，学界美誉度极差，秦王根本就不想看那些明显是野路子的论文。苏秦却不灰心，一次上书不行，两次，两次不行，三次，但一直上到十次，秦王还是不看，苏秦也就没法再坚持，因为百金花完了，鞋子穿破了好几双，黑貂皮大衣磨成了光板，油亮亮的光可照人，成了皮夹克。小童早饿跑了，只好自己挑着那担书一步步从咸阳挪回洛阳。

事业失败的男人，无一例外都渴望家庭的温暖，苏秦回洛阳寻求温暖，“乃瞻衡宇，载欣载奔”，恨不能一步跨进家门，吃上嫂子煮的一碗热面条，穿上妻子缝纫的新棉裤。可问题是，事业失败的男人偏就得不到家庭的温暖。苏秦满怀希望踏进门，父亲自搓麻绳，母亲自纺棉线，嫂子坐在灶台前打盹，老婆有一搭没一搭地抛织布梭子，只有那只四眼儿狗还认识他，摇了几下尾巴，见他并没有带来陕西特产烤羊排骨，也扫兴地躲开了。苏秦多年在秦国折腾，没有土地的苏家坐吃山空，早就跌入贫困了。

苏秦英雄末路，不由得仰天长叹："男子汉不当官不赚钱就这个下场啊——不行，我得既当官，又赚钱！"他从旮旯里翻出一部旧书，叫《太公阴符》，头悬梁锥刺股地狠狠钻研了一年，再次出发。这回他不搞连横，他搞合纵了，就是把山东六国联合起来，组成抗秦统一战线，变被动挨打为主动出击，报复秦国对他的冷淡。苏秦的强项是著书写论文，但更强的项是演讲，把齐、楚、燕、韩、赵、魏六国国君讲得分别跳了三尺多高："我再也不受秦的欺负了，打倒秦国侵略者，打倒秦帝国主义！"共同推选楚国国王做盟主，组成六国联军，苏秦身兼六国丞相职位，就是领六份工资啦！还担任联军总司令，第七份更丰满的工资。联军封了函谷关，让秦国在关中自己折腾去，别打山东的主意。

现在苏秦既当官又有钱，决定回洛阳省亲。家人听说老三要回来，从家门口搭五彩席棚，一直搭到城门外二十里，父母带着一家大小齐刷刷地站着，组成"亲人仪仗队"，敲锣打鼓喊口号，两个老人家乐得牙也掉了好几颗。苏秦走得近了，老婆都不敢正眼瞧他，畏畏缩缩像个小丫鬟。嫂子长跪膝行，抱住苏秦的马腿不放，说是要给他的马洗尘。为什么说给马洗尘而不说小叔子呢？因为小叔子已经尊贵，别人不敢直接说他，要用代词，您的脚下——足下；您的办公室——阁下；您的台阶——殿下。大嫂要给三叔接风洗尘，要说给您的马打扫一下蹄子上的尘土。苏秦问："大嫂，前倨后恭为哪般？"嫂子直率得叫人羡慕："三叔当了这么大的官，又有这么多的钱！"

函谷关封死，秦兵不敢出击，苏秦很觉寂寞，也感到自己的位置不稳：狡兔死，走狗烹；飞鸟尽，良弓藏。所以秦国这只兔子不能死，于是想起了大学同学张仪。张仪天分高，学习好，综合排名总在苏秦之前，现在却很潦倒，饭也吃不饱。苏秦便派人到张仪家敲边鼓："你的同学苏秦，知道吗，闹大发了，六国大总管呢，求求他，咋还不给你弄口饭吃？"张仪本来有点鄙视苏秦的，但现在人倒霉就得低下高贵的头。他来到函谷关，见苏秦正指手画脚对着一幅军事地图讲课，听课的是各国集团军司令。张仪的心情好复杂："苏三的学问水平，学年综合评价一向在我之下，如今驴粪蛋子发高烧了。"

老同学来了，照例要招待的。苏秦在饭前还要教训张仪几句："你也忒不争气，这般穷酸样子，不用说丢咱们鬼老师的脸，我的军队也被你传染了晦气，吃了这顿饭，赶紧走人！"就吃饭。苏秦的桌子摆满了鱼肉，张仪面前却只有一碟煮豆芽，一碟霉干菜，一小撮盐。张仪大怒，不吃，一口气跑到咸阳。横下一条心，一定要连横，破坏苏三的合纵。张仪身无分文，如何到得咸阳？原来苏秦派人跟定他，给他钱，给他车。苏秦的用意再明白不过：只要有仗打，他苏秦就永远是六国丞相，联军总司令。苏秦这种人是唯恐天下不乱的。

战国时期战争分外酷烈，动辄几万几十万地坑与杀，"血流成渠""血流漂杵"等等，史不绝书，却原来是两个读书人在怄气，再追究下去，连"怄气"也是苏秦一个人导演的。这结果叫令人垂头丧气，对"波澜壮阔"的战国时代减了尊敬。总有人说，中国的知识分子只会论道，实事一件也做不来，其实并不，苏秦张仪两个"秀才"不但做实事，而且做大事，为了人工导演的一场"恩怨"，搅动得七个大国鸡犬都不宁，人民更不知有多惨。苏秦的本事实在太大，但野心更大，大到不知餍足，以蛇吞象，不知道应该叫他千古英雄，还是叫他万世罪人。